KB188653

경이와 혼돈의 시대
선명한 세계사 1

1 경이와 혼돈의 시대

댄 존스 · 마리나 아마랄 지음 | 김지혜 옮김

선명한 세계사

윌북

1850s 제국의 시대

1860s 반란

1870s 혼란의 시대

1880s 경이의 시대

1890s 세기의 황혼

1900s 새벽의 어둠

Introduction

16세기 초 레오나르도 다빈치는 원근법에 관한 짤막한 글 몇 줄을 노트에 적었다. 그에 따르면, 대상이 시야에서 멀어질 때 세 가지 일이 일어난다. 크기가 점점 작아지고, 형태가 흐릿해지며, 색깔마저 알아볼 수 없게 된다.

다빈치의 설명은 그림에 대한 것이지만, 사진에도 그대로 적용된다. 그리고 역사에 대한 비유로 생각할 수도 있다. 지금 우리가 보는 것처럼 세계는 원래 생생하고 선명하고 컬러풀하며 '리얼'하다. 그렇지만 현재 우리에게 과거는 결코 생생하고 다채로운 색으로 기억되지 않는다. 1839년 다게레오타이프(은판사진)가 상용화된 이후 사진은 역사를 기록하는 한 부분이 되었지만, 처음 한 세기 동안은 거의 흑백 매체였다. 그래서 과거 풍경은 불완전하고 희미해진 채로 우리에게 남겨졌다. 사도 바울이 했던 말을 바꾸어 인용해보면, "우리는 렌즈 너머 어스름한 역사를 본다".

이 책은 빛바랜 세계에 제 빛을 찾아주려는 시도이자 컬러로 보는 역사다. 1850년부터 1960년까지 촬영된 200장의 사진이 이 책에 실려 있다. 본래는 모두 흑백사진이었지만 디지털 작업으로 색을 복원했고, 덕분에 우리는 본 적 없는 역사의 중요한 순간을 새롭게 볼 기회를 얻었다.

이 책에 수록된 사진 한 장 한 장은 그 자체로 흥미롭다. 사진들은 한데 모여 책이 되었고, 사진마다 덧붙인 설명과 함께 다음 사진으로 자연스럽게 넘어가면서 이야기를 만들어낸다. 그 이야기는 우리를 크림전쟁에서 냉전으로, 증기기관의 시대에서 우주 시대로 인도한다. 또한 우리 이야기는 제국 시대에서 시작해 초강대국들의 시대로 끝을 맺는다. 거장과 폭군, 살인자와 희생자, 천재와 발명가와 마침내 세계의 파괴자가 될 사람들까지 모두 다룬다.

사진의 출처는 다양하다. 어떤 사진은 유리판, 콜로디온, 달걀흰자, 질산은을 활용하여 장시간 노출의 복잡한 공정을 거친 알부민 인화법으로 만들어졌다. 그런가 하면 중형 카메라나 35밀리 카메라로 촬영한 사진도 있다. 개인적으로 보고 즐기기 위해 촬영한 사진이 있는가 하면, 우편엽서로 만들기 위해 촬영한 사진, 대중잡지에 싣기 위해 촬영한 사진도 있다. 어떤 사진은 놀랄 만큼 선명하고 어떤 사진에는 피할 수 없는 세월의 흔적이 남기도 했다. 이 사진들을 모두 보존 처리하고 디지털화해서 현대적인 사진 아카이브에서 접할 수 있게 되었고, 이제는 해상도 높은 사진을 다운로드할 수도 있다.

물론 이 역사적인 사진들에 색을 입히기 전에 먼저 해야 할 일이 있다.

예컨대 어느 병사의 사진이 있다고 해보자. 사진에 등장하는 군복, 훈장, 리본, 계급장, 군장, 피부, 눈동자, 머리칼 등등에 색을 입히려 한다면 가급적 서로 다른 시각 자료와 문서 자료로 세세한 사실들을 일일이 검증해야 한다. 다채로운 회색 음영만으로 본래 색을 알아낼 수는 없기 때문이다. 이럴 때 해야 할 일은 역사가라면 다 알고 잘하는 일, 바로 자료를 파고 파고 또 파는 것이다.

사진에 색을 입히려면 가급적 많은 정보를 입수해야 한다. 색을 입히는 작업을 화폭이 아닌 컴퓨터 스크린에서 한다고는 하지만 사진의 세세한 부분들을 일일이 수작업으로 처리해야 한다. 이 작업에 공식 같은 것은 없다. 도구가 디지털로 바뀌었더라도 화가의 기본 기술은 레오나르도 다빈치 시절과 조금도 달라지지 않았다. 천천히 색을 덧칠하고, 층층으로 색을 내고, 분위기를 포착해 되살려내야 하는데, 중요한 것은 사진과 일치하는 분위기여야 한다는 점이다. 빛이 중요하다. 물론 질감도 중요하다. 작은 세부 사항 하나하나가 더할 수 없이 중요하고 인내심이 필요한 작업이다. 사진 한 장에 색을 입히는 데 한 시간이 걸릴 수도 있고 한 달이 걸릴 수도 있다. 게다가 작업을 마친 후에도 이런저런 이유로 결과가 만족스럽지 못한 때도 있다. 혹은 완전히 잘못되어 보일 수도 있다. 그러면 사진을 들고 아카이브를 다시 찾아야 한다.

이 책은 2년에 걸친 협업의 결과물이다. 수록할 사진들을 고르면서 우리는 시야를 넓혀 여러 대륙과 문화를 고루 아우르고, 익히 알려진 것과 잊힌 것을 고루 담아내려고 노력했다. 죽은 이들에게 경의를 표하고 그들의 시대를 정당하게 다루려고 노력했다. 우리는 거의 1만 장이나 되는 사진을 살펴보았다. 고심을 거듭했고 수없이 마음을 바꿨다. 1만 장의 선택지 가운데 9800장은 제외될 것을 알면서도 가능한 한 더 많은 사진을 담아내려고 노력했다.

1만 장 가운데 고작 200장이라는 비율만 보더라도 이 책이 결코 포괄적인 역사서가 아니라는 것은 자명하다. 그런데 애초에 포괄적인 역사라는 것이 가능하기는 한 걸까? 담아낸 사진보다 지워버린 사진이 더 많은 것은 사실이다. 그렇더라도 이 책이 기념비적인 변화의 시대에 세계를 보는 새로운 방식이 되기를 바란다. 이 모든 작업은 우리에게 특권이자 즐거움이었다. 독자 여러분에게도 이 책을 읽는 일이 즐거움이 되기를 바란다.

댄 존스 & 마리나 아마랄

제국의 시대

카메라는 자연을 가장 정확하게 담아내 선사할 것이다.
카메라는 자연의 세밀함과 웅대함을 고스란히 담아내면서도,
판단하고 상상의 나래를 펴고 창조의 힘을 발휘하는 일은
예술가들의 몫으로 남겨둘 것이다.

로저 펜턴, 1852년

1855

년 3월 8일 한 영국인이 흑해 연안 크림 반도의 발라클라바에 도착해 가져온 장비들을 배에서 내렸다. 그 영국인은 35세의 법률가 출신 사진사 로저 펜턴이었고 그가 막 도착한 곳은 전쟁 지역이었다. 펜턴이 두 조수와 함께 가져온 것은 카메라 5대와 유리판 700개, 조리기구와 야영 장비, 지브롤터에서 구입한 말 3필, 와인 운반용 수레를 개조해 이동 암실과 침실을 갖춘 마차 1대였다.

펜턴은 선구적인 예술가였지만 정치적으로는 논란의 중심에 선 인물이었다. 그는 급속히 발전하는 새로운 예술 양식을 장려하기 위해 결성된 사진협회의 창립 회원이었다. 펜턴의 여행은 사진 판매를 원하는 맨체스터의 토머스 에그뉴 & 선스 출판사의 재정 지원을 받았고 빅토리아 여왕과 앨버트 공의 후원을 받았다.

오늘날 펜턴이 세계 최초 종군기자 가운데 한 사람으로 기억되는 것은 당연한 일이다. 그러나 그가 크림반도에서 촬영한 사진들은 피 한 방울 흘리지 않고 허리를 꼿꼿이 편 영웅들만 담고 있어 기록물이라기보다 선전물에 가까웠다. 이 사진들은 1850년대 4대 제국 열강 영국, 프랑스, 오스만제국과 러시아가 참전한 소모적 참호전에서 영국군 수천 명이 폭력과 질병으로 목숨을 잃은 사실을 정당화할 목적으로 촬영된 것들이다. 당시 《타임스》가 크림반도의 참혹한 상황에 대한 충격적인 기사를 보도했다. 영국 정부는 펜턴에게서 이런 해로운 기사를 반박할 만한 시각 자료를 얻고자 했다.

어쨌든 크림반도로 향한 펜턴의 여행은 역사적으로 중요한 순간이었다. 바로 그 순간부터 세계사의 대사건들이 폭넓게 영상에 담기기 시작했고 사진이 후대를 위한 풍부한 광맥이 된 것은 바로 그 시점부터였기 때문이다. 펜턴 같은 사람들 덕분에 그후로 지금까지 당시에는 아직 태어나지도 않았던 역사가들이 세계사의 사건들을 서술하고 설명할 수 있었다.

그렇다면 펜턴이 현실과 다르게 영광스러운 모습만 담고 그 고통은 외면했던 1850년대의 세계는 과연 어땠을까? 간단히 말하자면 제국의 시대였고 최강국은 영국이었다. 영국이 정복하고 지배한 영역에는 캐나다,

인도, 버마, 남아프리카 일부, 오스트레일리아, 뉴질랜드가 포함되었다. 이와 더불어 영국 해군은 곳곳에 흩어진 수많은 전초기지에서 대양들을 탐사하고 지배하며 영국을 초강대국으로 만드는 일에 크게 기여했다.

유럽과 중동에서는 프랑스와 오스만제국과 러시아가 영국의 경쟁자이자 라이벌이었다. 동양에서는 중국의 청과 인도의 무굴제국이 경쟁했다. 남아메리카에서는 브라질이 장악했다. 멕시코만과 오대호 지역 사이에서는 신생 미국이 국경을 넓혀갔다. 70년 전 영국의 지배에 저항하는 대담한 반란으로 탄생한 미국은 프랑스에게서 영토를 매입했고 한때 강력했던 스페인제국의 남은 영토를 차지했다. 자유민이던 미국 백인들은 유럽계와 중국계 정착민들과 함께, 방대한 대서양과 태평양 사이 북아메리카 땅을 분주히 식민지로 만들고 있었다. 그러나 미국이 팽창하면서, 미국인들은 어느 때보다 더 심각하게 분열했고, 1860년대에는 그 결과들이 끔찍할 만큼 명백해졌다.

제국주의 시대를 움직인 또 다른 주요 동력은 '기술력'과 '발견'이었다. 급속한 산업화와 새로운 발명품 덕분에 사람들이 살아가고 일하고 여행하고 소통하고 생각하고 꿈꾸는 방식이 달라졌다. 해저에는 전신선이 설치되었고 해상에는 거대한 정기 여객선이 운행했다. 고색창연한 구도시들을 개조하려는 야심 찬 계획들이 실행되었고, 고대 도시들을 한순간에 잿더미로 만들 수 있는 대포가 배치되었으며, 머나먼 이국땅을 탐험하고 생명의 근원을 파고드는 과학 연구가 이루어졌다. 질병, 강제 이주, 폭력에 노출된 유서 깊은 민족들이 무차별적으로 파괴되었다. 1850년대는 유례 없는 변화의 시기였고 사람들은 그런 변화 때문에 혼란에 빠지기도 했고 환호하기도 했으며 죽임을 당하기도 했다.

이렇듯 세상은 끊임없이 변했고, 개조한 마차를 타고 크림반도로 향한 펜턴 같은 사람들이 그 세계를 영원히 보존했다. 그들은 카메라 셔터를 눌러 삶을 포착했고, 그의 의도였든 아니든, 수백 년이 흐른 뒤 우리는 다시 한번 흑백인 (아니 실제로는 총천연색인) 그 시대로 걸어 들어갈 수 있게 되었다.

1851

1월 중국 톈징(현재의 난징)에서 태평천국의 난이 발생해 홍수취안이 이끄는 태평천국과 청왕조 사이의 무력충돌이 빚어졌다.

5월 런던 하이드파크에 설치된 수정궁에서 세계박람회가 개최되었다.

7월 루이 다게르가 사망했다. 그는 사진술의 선구자였으며 사진의 대중화에 공헌했다.

1853

6월 파리에서 조르주 외젠 오스만이 파리 시장에 취임했고 대대적인 파리 개조 작업에 착수했다.

7월 미해군 제독 매튜 C. 페리가 군함을 동원해 일본을 위협했고 이듬해 미일통상조약을 이끌어냈다.

10월 영국과 프랑스 원정대의 지원을 받은 오스만제국이 러시아에 선전포고를 하면서 크림전쟁이 시작되었다.

1850

4월 1848년 혁명 이후 망명 중이던 교황 비오 9세가 프랑스군의 호위를 받으며 로마로 귀환했다.

5월 이집트에서 포획된 하마 오바이시가 영국에 선사되어 런던동물원의 새 보금자리에 도착했다.

9월 미국 의회가 연방의 팽창 과정에서 노예주와 자유주 사이의 갈등을 피하기 위해 1850년 타협안을 승인했다.

1852

3월 찰스 디킨스의 소설 『황폐한 집』의 연재가 시작되었다.

12월 샤를 루이 나폴레옹 보나파르트가 제2공화정을 전복하고 프랑스 황제 나폴레옹 3세에 즉위했다.

1854

5월 캔자스·네브래스카법에 따라 캔자스와 네브래스카 준주(주의 자격을 얻지 못한 미국의 행정구역)가 설치되었고 '피의 캔자스'로 알려진 폭력 사태가 발생했다. 노예제 지지자와 폐지론자 사이에서 오랫동안 전투가 지속되었다.

9월 존 스노가 런던 콜레라 대유행의 발원지로 상수도 펌프를 추적해냈고 콜레라가 수인성 전염병임을 입증했다.

10월 크림전쟁의 발라클라바전투 중에 영국 경기병여단의 돌격이 있었다.

1855

3월 크림반도에 도착한 로저 펜턴이 가져간 사진 장비로 전쟁 상황을 기록했다.

3월 러시아 차르 니콜라이 1세가 사망하고 그의 장남 알렉산드르 2세가 제위를 계승했다.

9월 프랑스와 영국의 연합 공격으로 세바스토폴이 함락되었다.

1857

5월 델리 인근 동인도회사에서 세포이 항쟁이 발생해 1년 이상 지속되었다.

9월 뉴욕에서 금융위기가 발생해 뉴욕의 은행들이 도산하고 미국 전역 철도회사들이 파산했다.

12월 빅토리아 여왕이 오타와를 캐나다연방의 수도로 지정했다.

1859

4월 수에즈운하 공사가 시작되었다.

8월 당대 최대 규모의 선박 그레이트이스턴호가 이점바드 킹덤 브루넬의 설계로 건조되어 첫 항해에 나섰다.

11월 찰스 다윈이 『종의 기원』을 출간해 자연선택에 의한 진화론을 주장했다.

1856

3월 히말라야 제15봉(현재 에베레스트)이 세계 최고봉으로 기록되었다.

3월 파리조약 체결로 크림전쟁이 종결되었다.

10월 제2차 아편전쟁이 발발해 영국군과 프랑스군이 청군과 충돌했다.

1858

1월 폭탄으로 나폴레옹 3세 암살을 시도한 펠리체 오르시니가 단두대에서 처형되었다.

8월 인도통치법이 통과되어 사실상 동인도회사의 통치가 끝나고 영국 국왕이 통치권을 이양받았다.

8월 미국 대통령 제임스 뷰캐넌과 영국 빅토리아 여왕이 대서양을 가로질러 전신 메시지를 교환했다. 그러나 교신 직후 통신이 두절되었다.

프랑스 황제 나폴레옹 3세

샤를 루이 나폴레옹 보나파르트는 제국 시대를 지배한 사람 중 하나였다. 그는 프랑스 혁명기인 1799년 프랑스를 장악하고 세계를 지배했던 나폴레옹 1세의 조카이자 계승자였다.

나폴레옹 1세의 통치는 워털루전투의 군사적 패배로 막을 내렸고, 나폴레옹 1세는 세인트헬레나섬에 유배되었다가 1821년에 세상을 떠났다. 그의 후계자 루이 나폴레옹은 인생의 오랜 기간동안 망명 생활을 하면서 나폴레옹 1세의 뒤를 이어 황제 자리를 되찾고 프랑스를 영광스러운 제국으로 되돌리겠다는 은밀한 계획을 품었다. 그리고 1848년에 기회가 왔다. 부르봉 왕정에 항거하는 정치혁명으로 프랑스 제2공화정이 선언되었고 루이 나폴레옹이 대통령에 선출된 것이다.

프랑스에 나폴레옹의 황금시대를 되찾아주겠다는 루이 나폴레옹의 사명에는 은행 개혁, 도시계획, 철도 건설, 선박 건조, 농업 개혁을 비롯한 강력한 근대화 사업이 포함되었다. 그러나 이 모든 일은 독재의 그늘 아래에서 추진되었다. 1852년에 대통령 루이 나폴레옹은 자신의 공화국을 전복하고 스스로 황제에 즉위했다. 1815년 여름에 고작 며칠동안 이름뿐인 프랑스 통치자였던 또 다른 나폴레옹(나폴레옹 1세의 아들)을 기리는 뜻에서 '나폴레옹 3세'로 즉위했다. 나폴레옹 3세는 즉위식에서 이렇게 선언했다. "제국은 곧 전쟁을 의미한다고 말하는 이들이 있습니다. 내게 제국은 평화를 의미합니다."

이 멋진 선언은 그저 말뿐이었던 걸로 드러났다. 이후 10여년 동안 나폴레옹 3세에 반기를 든 이들은 추방되거나 투옥되었다. 프랑스는 1853년부터 크림전쟁에 참가했고, 1859년 이탈리아를 침공했다. 이 사진이 촬영된 1860년대에 들어서야 그의 정치적 억압이 느슨해졌지만 그도 역시 보나파르트 가의 일원임을 여실히 보여주었다. 그는 1870년 프로이센과 치른 전쟁에서 패배한 뒤 폐위되어 망명길에 올랐고 3년 뒤 영국에서 사망했다.

파리 개조 사업

프랑스의 수도 파리를 전면적으로 개조한 일은 나폴레옹 3세의 놀라운 업적 가운데 하나다. 1850년에 급격히 증가한 파리 인구의 3분의 1 이상이 중세 성벽으로 둘러싸인 좁은 지역에 밀집하면서 콜레라와 티푸스 같은 전염병이 만연했다.

1840년대 망명 생활 중이던 루이 나폴레옹은 로마의 첫 황제 아우구스투스를 본받아 파리를 멋진 대리석 도시로 재건하겠다는 야심을 드러낸 적이 있다. 그리고 1850년대에 조르주 외젠 오스만에게 그 임무가 맡겨졌다. 오스만은 열정적이지만 말도 많은 파리 시장이었다. 철거된 1만 2000채의 건물은 대부분 도심 빈민가에 있었다. 상하수도를 새로 건설해 수질과 위생 문제를 개선했고 가로수가 늘어선 넓은 도로는 공원과 광장으로 이어졌다.

오스만의 사업에는 25억 프랑(오늘날 가치로 환산하면 약 6조 6000억 원)이 들었고 여론이 첨예하게 엇갈렸다. 빅토르 위고와 샤를 보들레르 같은 작가들은 그 사업으로 파리가 중세의 아취를 잃었다며 탄식했다. 새로 확장된 도로를 두고 미래에 혁명이 일어나면 군대를 동원해 쉽게 진압할 수 있도록 설계되었다고 불평하는 사람들도 많았다. 작가 에밀 졸라는 오스만의 파리를 '엄청난 위선, 터무니없는 거짓 궤변'이라고 평가했다.

그런 불평에도 파리의 모습은 변화했다. 다음 사진에서는 프랑스 최고재판소로 연결되는 콘스탄틴 대로에서 첫 사업에 착수하는 모습을 볼 수 있다. 이 사진은 1858년 파리의 공식 사진가로 임명된 샤를 마빌이 촬영한 것이다. 촬영 당시 보수 중이던 최고재판소를 제외하고 사진 속 거의 모든 건물이 지금은 사라지고 없다.

21

빅토리아 여왕

나처럼 가정생활이 만족스럽고 행복하다면
(내 나라가 안전하다는 전제하에)
정치는 부차적인 문제일 뿐이다.

빅토리아 여왕의 일기, 1846년

바다 건너편에서 나폴레옹 3세가 프랑스를 개조하는 동안, 영국 또한 빅토리아 여왕의 통치 아래 변모하고 있었다. 1854년에 빅토리아 여왕은 35세였고, 1837년에 백부 윌리엄 4세의 왕위를 계승한 뒤 반평생을 왕좌에서 보낸 뒤였다. 현대 어느 전기 작가의 표현을 빌리자면, '솔직하고, 거침없고, 고집스러운' 빅토리아 여왕은 입헌군주라는 영국 국왕의 미묘한 지위를 정확히 이해하고 있었으며 60년 넘는 변화의 시기를 통치했다. '빅토리아시대'에 대영제국은 지구 표면의 5분의 1을 차지할 정도로 팽창했다. 산업혁명과 기술혁명이 뒷받침되고 여왕이 국민들의 성취를 기념하는 위대한 작업들을 후원하면서 영국의 국가적 자신감은 커졌다. 그만큼 영국은 세계의 선망과 지탄을 동시에 받았다.

여기 실린 빅토리아 여왕의 사진은 1854년 6월 30일 로저 펜턴이 촬영한 것으로 여왕의 사랑하는 남편이자 동반자인 앨버트 공의 후원을 받아 촬영한 여러 초상 사진들 가운데 하나다. 두 사람은 아홉 자녀가 있었으며 1857년에 막내딸 비어트리스 공주가 태어났다. 1861년 앨버트 공이 티푸스로 사망하자 빅토리아 여왕은 깊은 슬픔에 잠겼다.

이 사진을 촬영한 날 빅토리아 여왕은 "사진 촬영은 아주 성공적이었지만, 시간이 많이 걸렸다"라고 일기에 적었다. 카메라에서 눈을 떼고 깊은 사색에 잠긴 듯한 이 사진의 구도는 전형적이다. 꽤나 수수하고 가정적인 옷차림, 무릎에 놓인 책, 반쯤 드러난 머리칼이 무색하게도 여전히 여왕에게선 범접할 수 없는 거리감이 느껴진다.

그레이트이스턴호

이점바드 킹덤 브루넬은 삶이 얼마 남지 않았을 때 세계 최대 규모의 선박을 완성했다. 조지 스티븐슨, 조지프 배절제트와 더불어 브루넬은 빅토리아시대 영국에서 가장 위대한 공학자 가운데 한 사람이었다. 그의 트레이드마크였던 높은 모자와 시가는 브리스틀의 클리프턴 현수교, 런던 패딩턴역, 대서부철도같이 건축에서 이룬 그의 업적만큼이나 잘 알려진 것들이다. 브루넬의 작업은 19세기 영국의 제국주의적 야심을 실현한 모험과 발명 정신을 단적으로 보여준다.

사진에 보이는 그레이트이스턴호는 브루넬이 설계한 선박이자 그의 마지막 프로젝트였다. 1854년에서 1858년 사이 런던 밀월의 존 스콧 러셀 조선소에서 건조된 그레이트이스턴호는 엄청난 크기(배수량 3만 2000톤급)로 설계되었다. 유럽을 출발해서 재급유를 위해 정박하는 일 없이 곧바로 인도에 있는 대영제국의 무역 거점들과 오스트레일리아 식민지로 가는 긴 여행을 가능하게 하는 것이 브루넬의 목적이었다.

그레이트이스턴호는 1859년 가을에 첫 출항을 했다. 당시 신장병을 앓고 있던 브루넬은 출항 직전 갑판에서 뇌졸중으로 쓰러졌고 9월 15일에 사망했다. 그레이트이스턴호의 가장 큰 공헌은 대서양 횡단 전신선을 설치한 일이었다. 그러나 규모와 비용 탓에 배를 유지하기 어렵다는 게 확인되었고 1889년에 폐선되었다. 그때는 브루넬이 사망한 지 오래였다. 브루넬의 이야기를 새겨 기념하는 웨스트민스터사원의 스테인드글라스는 빅토리아시대 거장으로서 그의 지위를 보여준다.

브루넬은 공학에 적용할 수 있는
새로운 발견을 그냥 지나치는 법이 없었다.

《디 엔지니어》의 부고 기사, 1859년

하마 열풍

19세기에 기술과 교통의 발전으로 세계는 좁아졌다. 빅토리아시대 영국에서는 산업사회와 멀리 떨어진 곳들과 연결되면서 이국적인 것을 찾는 취향이 급속히 번져나갔다. 아마 이 하마만큼 이국적인 것도 없었을 것이다. 아프리카에서 새끼였을 때 포획된 이 하마를 이집트 총독이 증기선에 실어 영국으로 보냈고, 1850년 런던동물원이 새 보금자리를 하마에게 내주었다. 오바이시라는 이름은 처음 발견되었던 나일강의 섬에서 따왔다.

로마시대 이후 처음으로 영국에 들어온 하마 오바이시는 런던에 '하마 열풍'을 일으켰다. 수천 명이 매일 오후 1시에서 6시 사이에 동물원을 찾았는데, 사람들은 이제는 멸종되고 없는 콰가(윗몸에만 줄무늬가 있는 사바나 얼룩말 일종) 같은 다른 이국적인 동물들과 아랍 뱀 마술단의 공연도 볼 수 있었다. 자연사는 뭇 대중들을 정신적으로 고양하는 역할을 했으며, 동물원 입장에서도 대규모 관람객은 고마운 일이었다. 1847년에 기금 마련을 위해서 동물원이 대중에게 공개되었기 때문이다.

이 사진은 1852년에 스페인 몬티손 백작 후안이 오바이시의 우리 안에서 촬영한 것으로 보인다. 사실 그런 촬영은 매우 위험한 일이었다. 오바이시가 이집트인 사육사에게는 강한 애착을 보였지만 다른 사람들에게 사나웠기 때문이다. 사진의 구도와 대상 모두 고독감을 분명하게 보여준다. 2년 뒤 오바이시는 애덜라라는 암컷과 짝을 지었고 새끼를 여러 마리 두었다. 그중 하나는 1872년 11월 5일에 태어나서 '가이 포크스(1605년 11월 5일 영국 상원 의회를 폭파하려는 음모를 꾸몄다가 처형당한 인물)'라는 이름을 얻기도 했다.

지금도 여전히 너나없이 하마와 30분을 보내려고
리젠트 파크로 몰려들고 있다.
하마는 무심한 하품으로 군중의 호기심에 답한다.

《펀치》 매거진, "하마 만세, 만세, 만세", 1850년 12월

종의 기원

자연선택은…… 끊임없이 작용할 준비가 된 힘이다.
자연의 작품이 예술 작품보다 월등히 나은 것처럼,
자연선택은 인간의 보잘것없는 노력과는 댈 수도 없이 압도적이다.

찰스 다윈, 『종의 기원』, 1859년

1850년대 호기심에 찬 관람객들이 동물원으로 물밀듯이 밀려드는 동안, 자연사 자체도 변화하고 있었다. 1859년에 영국인 찰스 다윈이 『종의 기원』이라는 책을 출판했다. 이 책에서 다윈은 자연선택설을 주장했는데, 이 이론에 따르면 시간이 흐르면서 생물은 환경에 적합하게 진화한다.

이 책은 1830년대 비글호를 타고 5년에 걸친 대장정에 올랐던 일을 포함해, 다윈이 해온 오랜 현지 조사 여행의 결과물이었다. 다윈은 남아메리카, 오스트레일리아, 뉴질랜드, 남아프리카, 갈라파고스섬에서 새와 동물을 채집했고 그들의 차이를 분석하며 자연계를 연구했다.

젊은 시절 한때 다윈은 아버지에게 성직자가 되라고 재촉받았다. 그러나 『종의 기원』을 출판하면서 다윈은 교회의 여러 가르침, 특히 창조론과 정면으로 부딪치게 되었다. 다윈은 자신의 연구 때문에 "성직자들이 나를 적대시하게 되었고 나는 그들의 처분에 맡겨졌"으며 이 책을 쓴 일이 마치 "살인을 고백하는 것과 같았다"라고 썼다.

그렇다고 해서 다윈의 연구가 영향력을 발휘하지 못한 것은 아니다. 『종의 기원』은 정기적으로 재출간되었고, 1871년에 다윈은 또다시 논란이 된 다른 책 『인간의 유래(The Descent of Man)』를 출간했다. 다윈은 오랫동안 건강이 좋지 않아 고생하다가 1882년에 사망했다. 유명한 스튜디오 엘리어트 & 프라이사에서 촬영한 이 말년 사진은 다윈이 거의 20년 동안 기른 근사한 수염을 보여준다.

세계박람회

거대하고 신선하고 새롭고
말로는 이루 표현할 수 없을 정도로 멋진 장소다……
마법의 힘이 아니고서야 온 세상에서 이 모든 부를
그러모을 수 없을 것이다.

소설가 샬럿 브론테가 세계박람회 방문을 회고하며, 1851년

제국 시대는 경이와 약탈의 시대였다. 제국주의 열강이 지배력을 전 세계로 확대하면서 모국에서는 신기한 물건, 신기술, 공산품, 본래 맥락에서 떼어낸 특별한 물품들을 전시하려는 취향이 생겨났다.

프랑스에서는 18세기 말부터 산업박람회 전통이 지속되었다. 영국도 이를 슬쩍 본따 1851년에 처음으로 '만국박람회(The Great Exhibition)'로 알려진 '세계박람회'를 시작했다.

하이드파크에 철골과 유리로 지은 수정궁에 전 세계에서 온 전시물 10만여 점이 전시되었다. 거의 600만 명에 이르는 방문객이 전시회를 보러 런던을 방문했다. 기관차, 희귀한 도자기, 양탄자, 도자기와 비단, 거대한 코이누어 다이아몬드 같은 보석류와 칠레에서 채굴된 50킬로그램짜리 금덩이, 증기 해머, 인쇄기, 캐나다산 소방차, 접이식 피아노, 러시아 코사크 기병대 갑옷까지 다양한 전시 품목들이 있었다.

전시회를 마친 뒤 수정궁은 해체되어 1854년 시드넘에 다시 설치되었고 새로운 여러 전시물이 추가되었다. 이 사진은 이집트 남부 아부심벨 신전에서 뜬 거푸집으로 제작한 대형 석고상이다.

수정궁은 1936년 화재로 무너졌지만 기념비적인 목적은 충분히 달성되어 세계박람회며 다른 이국적인 보물 전시회에 대한 전 지구적 열기를 일으켰고, 오늘날까지도 이어지고 있다.

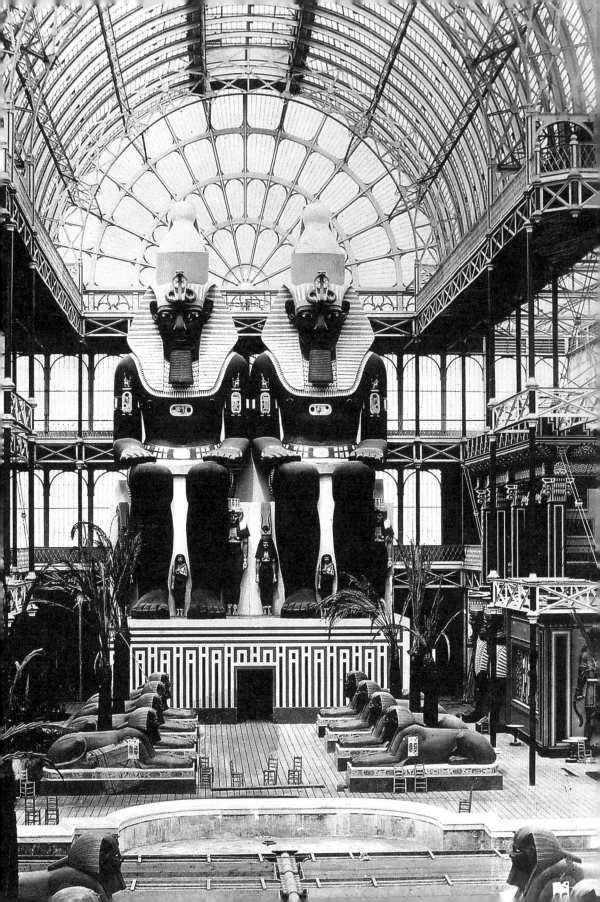

추문에 휩싸인 차르

우리는 천생연분이고,
이제 나는 실오라기 하나 걸치지 않은 채 침대에 누운
당신을 보고 있어…….
알렉산드르 2세가 예카테리나 돌고루카야에게 보낸 편지

1855년 3월 2일 알렉산드르 니콜라예비치는 아버지의 임종을 지키고 있었다. 노인은 숨을 몰아쉬며 마지막 충고를 했다. "러시아를 섬겨라!" 그러고는 주먹을 꼭 쥐어 보이며 덧붙였다. "모든 것을 이렇게 잡거라." 36살이던 알렉산드르 2세는 그날 밤 러시아 로마노프가의 차르(tsar, 제정 러시아 때 황제의 칭호)로서 니콜라이 1세를 계승했고, 그 후 25년 동안 모순처럼 보이는 두 가지 충고를 실행에 옮기려고 노력했다.

방대한 영토와 인구에도 불구하고 러시아는 산업, 정치, 문화 발전에서 영국과 프랑스에 크게 뒤져 있었다. 사실 알렉산드르 2세의 치세는 두 열강에 맞서 크림반도에서 벌인 치열한 전쟁 중에 시작되었다. 수치스럽게도 그 전쟁에서 러시아의 열세가 여실히 드러났다. 러시아제국이 살아남으려면 근대화와 개혁이 필수적이었다. 그러나 그런 정책들을 추진하면서 자연스럽게 알렉산드르의 전제정은 약화되었고, 서구화를 러시아 역사에 대한 배반으로 여긴 이들은 이런 정책에 분개했다.

알렉산드르 2세의 가장 주목할 만한 개혁은 1861년 농노해방이었다. 그는 언론에 대한 규제도 완화했고, 지방정부와 군대를 재편성했으며, 철도를 확장했다. 로마노프가의 관능적 전통 속에서 성장한 알렉산드르 2세는 예카테리나 돌고루카야 공녀와 뜨거운 밀애를 나누었다. 두 사람은 예카테리나가 11살이었을 때 만났는데, 알렉산드르 2세는 공녀를 '음탕한 개구쟁이'라고 불렀다. 알렉산드르 2세는 런던에서 이 사진을 찍고 몇 년 뒤인 1880년에 예카테리나를 두 번째 아내로 맞았다. 알렉산드르 2세는 1881년 '인민의 의지당(Narodnaya Volya)'이라는 사회주의 혁명 조직의 단원 3명에게 폭탄으로 암살되었다.

'유럽의 병자'

차르 니콜라이 1세는 1853년 영국 외교관과 만난 자리에서, 러시아와 가장 가까이 자리한 적수 가운데 하나인 오스만제국을 '노쇠한 사람'으로 묘사했다. 이 문구는 몇 년 동안 '유럽의 병자'로 잘못 회자되었지만 바탕에 깔린 생각은 같았다.

14세기에 소아시아에서 시작해 지금의 이라크와 오스트리아까지 영토를 장악하며 한때 강성했던 이슬람 제국은 1850년대에 이르러 산산조각 나고 있었다. 1839년 이후 술탄 압둘메지드 1세의 통치 아래 급속한 개혁과 근대화 사업이 진행되었지만 1850년대에 이르자 제국의 전성기는 오래전 일이 되어 있었다. 오스만제국이 쇠락하면서 서양의 다른 강대국들도 동방문제(Eastern Question)로 골머리를 앓았다. 오스만제국의 느리지만 지속적인 붕괴에 따른 격변의 소용돌이를 어떻게 다룰 것인가?

여기 수록된 콘스탄티노플 사진은 1855년에 영국의 전쟁 사진가 제임스 로버트슨이 촬영한 것이다. 콘스탄티노플은 400년 전 오스만제국이 비잔틴제국에게서 빼앗은 후 제국의 수도가 되었다. 역사적으로 이 도시는 부유하고 다문화적이었으며 아시아와 유럽이 만나는 지점에 자리한 무역 요충지였다. 무엇보다도 1850년대에 콘스탄티노플은 지중해에서 흑해로 출입하는 것을 통제하는 역할로 특히 러시아에게 특별한 관심의 대상이 되었을 뿐만 아니라 영국과 프랑스의 이해관계에도 중요했다.

러시아가 오스만제국을 침공해 분할할 의도가 있다면……
(영국이) 개입하지 않을 수 있겠는가? ……
자국의 이해관계를 보호하고 세계평화를 유지해야 하지 않겠는가?

《타임스》가 전쟁을 예견하며, 1853년 3월 26일

크림전쟁

나는 야간 회진을 도는 동안
그곳에서 첫 밤을 지내게 된 부상자들에게서
불평 한마디, 신음 한마디 들을 수 없었다…….
그 가엾은 이들은 단호한 영웅주의로 신체의 절단과 고통을 견디고 있었다.

영국 간호사 플로렌스 나이팅게일, 1854년 11월 5일

오스만제국의 붕괴는 단지 외교관들의 관념적인 우려로만 그치지 않았다. 1852년 오스만제국의 영토이던 예루살렘 성묘 교회에서 정교회 수도자와 라틴 교회 수도자들이 촛대를 들고 서로를 공격한 일이 전쟁의 구실이 되었다. 이 품위 없는 광경은 결국 2400킬로미터 떨어진 곳에서 전쟁의 도화선이 되었다. 유럽 강대국들이 모두 참여한 그 전쟁에서 60만 명이 목숨을 잃었다.

예루살렘에서 벌어진 이 소동에 이어, 프랑스 나폴레옹 3세와 러시아 니콜라이 1세가 앞다투어 예루살렘 기독교 성소의 수호자를 자처하며 오스만제국의 통치자에게 이를 인정하라고 요구했다. 분쟁은 조정되지 않았고, 러시아가 오늘날의 루마니아에 해당하는 오스만제국의 영토를 공격하면서 사태가 더욱 악화되었다. 영국 역시 자국의 이해관계가 걸린 지역을 러시아가 공격할 가능성이 커지자 러시아에 선전포고를 하고 전쟁에 개입했다. 1854년 9월 영국, 프랑스, 오스만제국은 흑해와 맞닿은 크림반도의 세바스토폴에 주둔한 러시아군의 심장부를 공격하기 시작했다.

크림전쟁에 가담한 모든 참전국의 상황은 참혹했다. 전선의 소식이 《타임스》에 타전되었지만 질병, 역경, 인명 피해에 대한 세세한 정보는 없었다. 로저 펜턴이 촬영한 이 사진 속 영국 왕립 포병대 소속 토머스 롱워스 데임스 대위는 정교하게 윤색된 전쟁 광경 속에 말쑥한 모습으로 등장한다. 하지만 아일랜드 종군기자 윌리엄 하워드 러셀이 본 전장의 현실은 이 사진과는 달랐다. 그는 "런던의 거지조차 국가를 위해 싸우는 영국 병사들과 비교하면 왕자 같은 삶을 살고 있다"라고 기사에 썼다.

경기병대의 돌격

이 사진은 1854년 10월 25일 치열한 전투가 벌어졌던 발라클라바의 전장 모습이다. 로저 펜턴이 촬영한 사진 속 전장은 버려진 포탄들이 나뒹굴고 있지만 고요하기 그지없다(펜턴이 직접 포탄을 가져다 두었는지를 두고 여전히 논란이 있다). 그러나 이 전투 후 유럽에 확산된 크림반도 관련 기사들은 다른 이야기를 들려주었다. 윌리엄 하워드 러셀은 이렇게 썼다.

"조국의 영웅들이 무기를 향해 돌진하며 갑작스럽게 죽어가는 모습을 속수무책으로 지켜봐야만 했던 이들보다 더 끔찍한 광경을 목격할 수는 없을 것이다…… 들판에는 군인들의 시신과 말들의 사체가 함께 널려 있었다."

이후 경기병대의 돌격은 시인 앨프리드 테니슨의 시에서, 그리고 화가 리처드 케이턴 우드빌의 화폭에서 영원한 생명을 얻었다. 그것은 전투에서 유일한 군사행동이었지만, 크림전쟁에서 위태로운 영국의 리더십과 병사들과 말들의 끔찍한 희생을 보여주는 상징이 되었다.

미숙한 장교들의 잘못된 명령에 따라 영국 경기병 673명이 러시아의 화포 속으로 뛰어드는 처참한 작전에 투입되어 죽음을 맞이했다. 콜레라, 형편없는 방한복, 빈약한 식량 배급 등 전쟁의 전반적인 문제들이 수천 명을 죽게 만든 데 비하면 고작 110명이 죽었다고 말할 수도 있겠지만, 경기병대의 돌격은 용서받을 수 없는 인재(人災)였다. 이 일로 1855년 1월 런던에서 애버딘 내각이 사퇴했다.

그들은 항의하지 않았다,
그들은 왜냐고 묻지 않았다,
그들은 지시에 따라 죽어갔다.
죽음의 계곡으로
600명이 돌진했다.

앨프리드 테니슨, 1854년

전쟁 속 여성

반짝이는 모자를 …… 앙증맞게 옆으로 쓰고,
제복 재킷을 입어 아름다운 허리를 드러낸 ……
그 여자는 가장 매혹적인 광경이었다.

《레이놀즈 뉴스》에 묘사된 칸티니에르, 1854년 12월

19세기 중반, 전쟁은 단연 남성들의 싸움이었지만 여성들의 활약 또한 매우 컸다. 로저 펜턴이 이름 모를 이 칸티니에르의 사진을 찍은 크림반도에서, 여성들은 군대에 식량을 보급하고, 부상병을 간호하고, 남성들과 똑같이 혹독한 상황을 숱하게 견뎌냈다.

18세기 말 이후에 칸티니에르 혹은 비방디에르로 알려진 여성들이 프랑스 군대와 동행했다. 그들은 병사의 아내로서 남편과 같은 군복을 입고 텐트나 마차를 돌며 와인, 음식, 담배, 소소한 물품들을 병사들에게 판매했다. 나폴레옹 3세는 칸티니에르들을 높이 평가했고, 멕시코, 극동, 벨기에, 이탈리아, 러시아 등지에서 싸우는 프랑스 군대와 함께 많은 칸티니에르들이 동행하도록 보장했다. 그들은 20세기 초반까지 프랑스 군대의 중요한 일부로 남아 있었다. 다른 나라들도 그 성공적인 체제를 모방했는데, 특히 1860년대 남북전쟁 때 교전 중이던 양쪽 군대 모두 칸티니에르들을 동반했다.

칸티니에르의 생활은 그 자체로 매우 험난하고 위험했다. 그러나 프랑스 나폴레옹 민법전에 따라 이동하고 일할 자유를 비롯한 전반적인 권리를 크게 제한받았던 프랑스 여성들에게는 흔치 않은 자유가 보장되는 일이었다. 그 때문인지 한껏 이상화된 칸티니에르의 요염한 이미지는 영국 군인들 사이에서 판타지가 되었다.

세포이 항쟁

그 순간 폭동은 위협적이었다.
단순한 폭동이 아니라 보편적인 국민 감정의 표출이었다.
그 순간 우리 제국을 유지하리라는 모든 희망이 사라지고
모든 바람도 끝났다.

빅토리아시대 역사가 존 실리 경, 1857~1858년 항쟁에 대한 논평

유럽에서 열강들이 싸우는 동안 동쪽으로 수천 킬로미터 떨어진 곳에서는 또 다른 분쟁이 일어나고 있었다. 인도에서 영국의 통치는 1600년대 이래 동인도회사를 통해 확장되었다. 왕실의 후원과 정치적 술수와 무자비한 사병의 힘을 이용해, 동인도회사는 19세기 중반까지 히말라야에서 마드라스까지, 아프가니스탄 국경부터 버마까지 인도반도 절반 이상을 통치했다.

동인도회사의 관료들은 사회적·종교적 전통을 방해하고, 주민들을 경제적으로 착취하고, 정의를 실현하지 못했다는 비난을 받았다. 1857년 초에 동인도회사가 소속 인도 병사들(세포이)에게 지급한 새 탄약통에 돼지와 소의 지방이 발려 있다는 소문이 퍼지면서 이를 모욕으로 받아들인 힌두교도 및 무슬림과 기독교도 사이에 종교적 긴장이 더욱 고조되었다.

1857년 5월 10일에 주둔지 메루트에서 저항적인 세포이들의 주도로 대규모 항쟁이 일어났다. 항쟁은 델리로, 그리고 1856년 5월 동인도회사가 합병했던 아와드 지방의 중심지 러크나우로 급속히 확산되었다. 여기 수록된 사진은 항쟁 직후 러크나우 이슬람 사원을 촬영한 것이다. 아와드 전역의 다른 도시들도 이후 몇 주 동안 항쟁에 가담했고, 러크나우의 총독 관저가 두 차례에 걸쳐 140일 넘게 포위되었다. 1858년 말에 러크나우와 델리는 폐허가 되었고, 북부 인도는 18개월 동안 혼란에 빠졌다. 항쟁은 실패했지만 인도의 운명을 영원히 바꿔놓았다.

영국령 인도제국의 탄생

우리는 다른 모든 신민과 우리를 결속시킨 바로 그 의무감으로
인도 현지인들과 우리를 결속시켜야 한다.

인도 통치법, 1858년

1857년부터 1858년 사이 폭력 사태가 인도 북부를 휩쓰는 동안 80만 명가량이 살해되었다. 두 진영 모두 민간인을 총검으로 찌르고 강간하고 어린이를 살해하고 반역자를 대포 주둥이에 묶어 산산조각 내는 등 잔학 행위와 학살을 저질렀다. 충성을 강요하는 지역 특유의 역사에 따라 인도 사람들은 항쟁이 진행되는 동안 두 진영으로 나뉘어 싸웠다. 이 사진은 이탈리아 사진가 펠리체 베아토가 1858년에 촬영한 것인데, 사진에 등장하는 두 기병이 그랬던 것처럼 펀자브 지방에서는 시크교 병사들이 영국군에 합세했다.

항쟁은 영국인들 사이에서 즉각적인 복수심을 불러일으켰고, 영국 내강경파 언론이 칭찬해 마지않은 무자비한 복수로 표출되었다. 찰스 디킨스는 이렇게 썼다. "내가 인도 총사령관이라면 좋을 텐데……. 그러면 최선을 다해 그 인종을 말살해버릴 것이다." 다행히 그는 지휘관이 아니었다. 1858년 빅토리아 여왕은 동인도회사의 인도 지배를 끝내버리고 왕실의 직접 통치를 선포했다. 영국령 인도제국(British Raj) 시대가 열린 것이다.

그 후로 영국은 인도 문화와 계급구조에 더 많은 관심을 기울였다. 한편 철도와 운하를 도입하고 초중등학교와 대학을 장려했는데, 이는 근대 인도의 기반이 되었다. 이 모든 것은 여전히 런던의 이익을 염두에 둔 일이었다. 그렇지만 수십 년 뒤에 드러나듯이 궁극적으로는 대영제국의 붕괴를 초래할 인도 민족주의를 파종한 것이었다.

아편전쟁

영국인이 인도에 매력을 느낀 가장 큰 이유 가운데 하나는 아편이었다. 당시 영국령 벵골에서 재배된 양귀비는 중독성 강한 약물로 제조되어 세계 전역에, 특히 중국에 수출되었다. 중국에는 아편이 성기능을 돕는다고 믿는 사람들 때문에 열광적인 아편 시장이 형성되어 있었다. 수척한 중독자들이 우글대는 아편굴은 중국의 도시와 마을에서 흔히 볼 수 있는 풍경이었다.

청 왕조는 아편중독으로 사회가 파괴되고 있음을 깨닫고 영국의 아편 판매를 차단하려고 했다. 1839년부터 1842년 사이 제1차 아편전쟁이 벌어졌고 1856년에는 제2차 아편전쟁이 시작되었다. 이 전쟁에서 대영제국과 그 동맹 세력인 프랑스의 해군 병력이 청에 맞서 싸웠다. 중국과의 자유무역에 관한 일반적인 권리, 외국인 기독교 선교사에 대한 박해, 중국 노동자들을 싱가포르, 오스트레일리아, 페루, 칠레, 카리브해, 미국에 이르기까지 전 세계로 수출해 작업 현장에 투입한 쿨리 무역 등 강대국들 사이의 여러 다른 쟁점들이 뒤얽혔다.

이 사진은 1860년 8월 영국과 프랑스가 승리를 거둔 직후 펠리체 베아토가 촬영한 것으로, 적들이 베이징으로 진입하는 것을 막아주던 다구 포대들 가운데 하나의 내부 모습이다. 이 사진에 담긴 주검들은 1850년대 초 크림전쟁의 특징이었던 피 한 방울 없는 전쟁 사진에서 탈피했음을 분명하게 보여준다. 2개월 뒤에 영국 군대는 원명원에서 값비싼 도자기와 보물들을 약탈하고 불을 질렀다. 굴욕을 당한 청 황제는 도주했고 영국과 프랑스에게 매우 유리한 징벌적 조약이 체결되었다.

이보다 더 불의한 전쟁, 이 나라에 영원한
수치를 안기기 위해 이보다 더 계산된 전쟁을
나는 알지 못하고 들은 적도 없다.

영국 수상 W. E. 글래드스턴, 1877년

미국의 팽창

이 죄 많은 땅의 범죄는 오직 피로써 씻을 수 있을 것이다.

노예제 폐지론자이자 자유의 투사 존 브라운

유럽의 구제국들이 동쪽으로 팽창하는 데 집중하는 동안 18세기 혁명 전쟁으로 탄생한 신생국 미국도 팽창하고 있었다. 1850년대에 미국 정부는 '명백한 사명(manifest destiny, 미국이 대서양 연안과 태평양 연안 사이의 모든 땅을 차지할 운명이라는 믿음)'이라는 기치 아래 오늘날의 미 중서부 영토를 공격적으로 몰아붙이고 있었다.

명백한 사명은 결국 초강대국으로서 미국의 출현을 뒷받침했지만, 대평원의 포타와토미족 같은 아메리카 토착 부족들에게는 끔찍한 결과를 초래했다. 사진 속 두 사람을 비롯한 포타와토미족은 조약에 따라 고향을 떠나 네브래스카와 캔자스의 새 영토로 강제 이주되었다. 뒤이어 미국이 이 지역들에 대한 권리를 주장하고 정착에 나서자 아메리카원주민들은 또다시 강제 이주되었다. 끊임없이 반복된 강제 이주 과정에서 아메리카원주민은 거의 절멸에 이를 정도로 인구가 줄었다.

한편 정착민들에게도 서진 정책은 주들 사이에 심각한 정치적 긴장을 빚었다. 문제는 노예제였다. 연방에 새로 편입된 주들에서 노예 노동을 허용할지 여부가 쟁점이었다. 1850년대에 캔자스는 노예제를 헌법이 보장한 양도할 수 없는 권리라고 믿는 사람들과 자유의 땅에 어울리지 않는 도덕적 오점으로 여기는 사람들 사이의 게릴라전으로 이른바 '피의 캔자스'가 되었다.

서부 영토에서 분출된 폭력 사태에 정치적 해결책은 없었고, 1850년대 말에 이르자 문제를 해결할 유일한 방법은 주들 사이의 대규모 전쟁뿐이라고 여기는 사람이 많았다.

캘리포니아 드림

미국이 태평양을 향해 팽창하면서 캘리포니아는 1848년에 연방의 31번째 주가 되었다. 같은 해에 시에라네바다산맥에서 금광이 발견되었고 채굴꾼들은 서부로 몰려들었다. 그들은 모두 일확천금을 파내겠다는 꿈을 품고 있었다.

그러나 캘리포니아로 몰려든 사람들이 동부 출신 미국인들만은 아니었다. 1850년대 청 왕조의 불안정한 통치를 피해 중국에서 노동자 수천 명이 도착했다. 많은 이들이 금광으로 향했지만 샌프란시스코처럼 급속히 성장하는 도시에 정착한 이들도 있었다. 그 도시에서는 세탁부터 성매매에 이르기까지 번성하는 새로운 인구를 위한 기본적인 서비스 수요가 아주 컸기 때문이다.

이 사진에는 백인 광부와 중국인 광부가 나란히 등장하지만 이들 사이에는 팽팽한 긴장이 존재했다. 캘리포니아주 의회는 분쟁이 발생할 때 백인이 유리하도록 법으로 보장했다. 중국인 광부들에게는 매달 부담스러운 세금과 면허료를 부과했다. 1854년에 캘리포니아주를 상대로 한 조지 W. 홀의 소송에서 캘리포니아 대법원은 백인 시민을 상대로 한 법적 소송에서 중국계 미국인과 이민자들은 증언할 수 없다고 판시했다.

이러한 기본권의 부정은 중국인 노동자들을 흑인, 혼혈인, 아메리카 원주민들과 한 범주로 묶었으며, 노예제를 법으로 금지한 이른바 자유주들에서조차 백인 우월주의를 암묵적으로 강화했다.

자연이 열등하다고 표시했으며,
그들의 역사가 보여주듯이 어느 선 이상으로는
진보하거나 지적 발전을 이룰 수 없는 인종…….

1854년 캘리포니아주 대 조지 W. 홀 소송에서 인종차별이 법으로 명시되었다.

영국령 캐나다

북아메리카의 정착지들은 철길을 따라 늘어서 있었다. 수천 킬로미터 철길을 뒤덮은 증기기관들이 이전에는 엄두도 낼 수 없었던 거리를 육로로 빠르게 연결했다. 이것은 캐나다와 미국 북부에서 특히 중요했다. 1850년 대에는 캐나다 그랜드 트렁크 철도회사가 몬트리올과 온타리오를 잇는 거대한 철도망 건설에 착수했다. 그 철도는 남쪽으로 버몬트주와 매사추세츠주와 메인주 등지로도 연결되었다.

철도로 연결된 캐나다는 정치적 통합이 강화되고 있다는 사실을 반영했다. 프랑스어권 지역과 영어권 지역으로 나뉘기는 했어도 1840년에 로어 캐나다(퀘벡주)와 어퍼 캐나다(온타리오주)를 아우르는 통합된 영국령 캐나다가 출현했다. 1867년에는 인접한 두 영국령, 노바스코샤와 뉴브런즈윅도 캐나다에 합류했다. 그렇지만 이 정치체는 오늘날 우리가 아는 캐나다만큼 넓지는 않았다. 슈피리어호 서쪽 전체가 여전히 미개척지로 남아 있었다.

캐나다가 영국의 감독에서 벗어나 완전한 자유를 얻은 것은 1982년이지만, 19세기 후반을 지나는 동안 캐나다의 정착지가 늘어났고 독립이 진전되었다. 이 사진은 스코틀랜드인 윌리엄 노트먼이 촬영한 여러 풍경 사진 가운데 하나로 제국의 지배지였던 캐나다의 역사를 보여준다. 노트먼은 1856년에 캐나다로 이주했는데 4년 뒤 장차 영국 국왕 에드워드 7세가 될 앨버트 공이 이곳을 시찰할 때 그를 수행했다.

빠르게 여행하는 동안 나는 이미
어디서나 감지할 수 있는 에너지며 산업의 성과와
그 위대한 전망에 사로잡혔다.

토론토에서 웨일스 공 앨버트, 1860년

반란

어제 이 나라의 심장은 지금껏 한 번도 흔들린 적이 없었던 것처럼 요동쳤다.
그와 함께 전해진 충격적인 소식은 우리에게 공포와 고통을 안겼다.
우리 역사에 이처럼 충격적인 사건은 없었다.

에이브러햄 링컨의 총격 이틀 뒤《뉴욕 타임스》기사 중에서, 1865년 4월 16일

1865

1865년 4월 14일 한밤중에 "나는 미쳤다! 미쳤다!"라고 외치며 미국 국무장관 윌리엄 H. 수어드의 집을 뛰쳐나온 21살 루이스 파월은 피 묻은 칼을 하수구에 집어던지고 거리로 달려갔다. 그날은 미국 역사에서 비탄의 날이었다.

파월은 치명상을 입고 쓰러진 수어드를 뒤로하고 달아났다. 수어드는 칼에 찔린 채 침대에 누워 죽어가고 있었다. 또 다른 장소에서는 그보다 더 심각한 일이 벌어지고 있었다. 몇 블록 떨어진 포드 극장에서 미국 제16대 대통령 에이브러햄 링컨 역시 심각한 상태였다. 링컨은 〈우리 미국인 사촌〉을 관람하던 중 유명 배우 존 윌크스 부스가 쏜 총에 머리를 맞았다. 수어드는 살았지만 링컨은 다음 날 아침 사망했다. 부통령 앤드루 존슨을 살해하려던 시도는 실패로 돌아갔고 그는 같은 날 링컨의 후임자로 대통령 선서를 했다. 미국 대통령이 암살된 것은 이번이 처음이었지만 마지막은 아니었다.

파월은 어느 여인숙에서 3일 뒤 체포되었다. 공범들도 대부분 잡혔다(부스는 사살되었다). 곧 그들의 동기가 드러났다. 그들은 모두 불만을 품은 남부연합 지지자들이었다. 남부연합은 1861년 노예제 반대 진영인 링컨이 대통령에 당선된 데 항의하며 연방을 탈퇴한 남부 주들의 결사체였다. 남부의 분리 선언은 4년 동안 미국인 62만 명을 죽음으로 몰아넣고 남부연합의 패배로 끝을 맺은 피비린내 나는 내전의 시작이었다. 앨라배마 출신인 파월은 1863년 7월 참혹했던 게티즈버그전투에 남군 병사로 참전했었다.

이 사진은 파월이 애너코스티아강에 정박한 해군선 소거스호에 감금되어 재판을 기다릴 때 촬영된 것이다. 사진가는 알렉산더 가드너로 미국으로 이주한 스코틀랜드인이었다. 그는 미국에 와서 가장 중요한 전투와 그 시절 주요 인물들의 사진을 촬영했다. 이 사진의 생생한 구도나 죽음과 폭력에 미동도 하지 않는 파월의 시선은 가드너 역시 로저 펜턴과 마찬가지로 카메라에 담은 장면들을 심각하게 조작했다는 사실을 감춰준다. 이 사진에서 파월은 무심하고 냉담해 보인다. 하지만 실제 그는 마음이 지독하게 괴로운 상태였다. 그는 참혹한 상태로 구금되었고, 그래서 바로 며칠 전 감옥 창살에 머리를 거듭 박아 자살을 시도했다. 가드너는 살인 미수범을 전혀 다른 이미지로 묘사한다. 여기 수록된 사진은 반항적인 모습의 전형을 보여준다. 마치 패션잡지 표지에 실린 록 스타의 반항적인 모습을 떠올리게 한다. 가드너는 몇 개월 뒤 진행된 파월과 공모자 세 사람의 교수형 자리에 참석한 유일한 사진가였다. 그들은 1865년 7월 7일 워싱턴의 무기고에서 처형되었다.

미국 남북전쟁은 1860년대를 규정하는 사건들 가운데 하나였지만 세계 다른 곳들 또한 다른 중요한 봉기들 때문에 요동쳤다. 오토 폰 비스마르크의 강력한 정치 지도력 아래 있던 프로이센왕국은 이웃 덴마크와 오스트리아를 물리치고 중부유럽의 주도적인 강국으로 떠올랐다. 이탈리아는 국왕 비토리오 에마누엘레 2세의 지배 아래 통일을 이루었다. 총구의 위협 속에서 같은 시기에 일어난 (서로 연결된) 이 두 국민국가 건설의 물결은 신성로마제국 전성기부터 지속된 중부유럽의 격변이라는 긴 역사의 한 부분을 이루었다. 그리고 이후 20세기 세계 전체를 가로지른 전 지구적 전쟁들 속에서 그 영향이 이어진다. 한편 러시아는 차르 알렉산드르 2세가 농노해방을 선언하며 50년에 걸친 사회적, 정치적 혁명기로 접어들었다. 일본은 혁명과 개혁 정신에 사로잡혔으며 중국은 카리스마 넘치는 두 태후 아래 기나긴 근대화 시기에 돌입했다.

기술이 지속적으로 진보하고 수천 킬로미터에 이르는 새로운 철길과 전신선이 건설되어 세계는 더욱 긴밀히 연결되었다. 운하가 건설되었고 잠수함 같은 새로운 운송수단이 만들어졌다. 과학자들은 새로운 원소들을 발견했고 인간의 세계 경험을 예기치 않은 방식으로 급격히 바꾸어놓을 기술들을 창조했다. 소독법은 질병을 예방하고 수명을 연장했다. 그런가 하면 다이너마이트는 점점 더 커지는 인간의 능력이 과학을 파괴 목적으로 사용한다는 것을 드러냈다.

1861

2월 미국 남부 7개 주가 연방에서 탈퇴해 제퍼슨 데이비스를 대통령으로 내세운 남부연합을 결성했다.

2/3월 러시아 차르 알렉산드르 2세가 농노해방령을 선포했다.

4월 미국 남북전쟁이 시작되었다.

8월 청의 함풍제가 사망하고 서태후 일파가 권력을 장악했다.

1863

7월 미국 남북전쟁 중 가장 많은 피를 흘린 게티즈버그전투에 16만 5000명이 참전했으며 그 가운데 3분의 2가 사망하거나 부상했다.

1860

5월 주세페 가리발디는 이탈리아 통일운동, 곧 리소르지멘토의 일환이었던 이른바 천인대 원정에서 시칠리아 침공을 이끌었다.

10월 제2차 아편전쟁 중 베이징의 원명원이 소실되었다.

11월 에이브러햄 링컨이 제16대 미국 대통령에 당선되었다.

1862

5월 푸에블라전투에서 프랑스가 멕시코에 패배했다. 멕시코에서는 이날을 신코 데 마요(cinco de Mayo, 5월 5일)로 지정해 기념한다.

6/7월 미국 남북전쟁의 7일 전투가 지속되었다.

9월 빌헬름 1세가 오토 폰 비스마르크를 프로이센 수상에 지명했다.

1864

2월 프로이센이 덴마크를 침공했다.

12월 잉글랜드 브리스틀에서 이점바드 킹덤 브루넬의 클리프턴 현수교가 개통되었다. 설계자인 브루넬 사후 7년 만의 일이었다.

1867

5월 알프레드 노벨이 런던에서 다이너마이트 특허를 출원했다.

6월 멕시코 황제 막시밀리안이 사격 부대의 총격으로 사망했다.

9월 카를 마르크스가 『자본론』 첫 권을 발표했다.

11월 14세의 무쓰히토가 부친의 뒤를 이어 메이지 천황에 오르고, '메이지유신'으로 일본 사회의 급속한 변화를 예고했다.

1869

5월 미국 여성들의 투표권을 위한 로비 활동을 위해 뉴욕에서 전국여성참정권협회가 결성되었다.

11월 군함단의 의전행사를 시작으로 수에즈운하가 공식적으로 개통되었다.

1865

4월 애퍼매톡스에서 리 장군의 항복으로 미국 남북전쟁이 종결되고 곧이어 존 윌크스 부스와 루이스 파월을 포함한 공모자들이 링컨을 암살했다.

1866

3/4월 미국 의회가 첫 번째 민권법을 통과시켜 아프리카계 미국인들의 법적 보호에 기여했다. 재건 시대 초기의 중요한 조치였다.

7월 그레이트이스턴호가 최초 대서양 횡단 전신선 설치에 성공했다.

1868

1월 마지막 죄수 호송선이 영국을 출발해 오스트레일리아에 도착했으며 유배 시대의 종말을 고했다.

10월 토머스 에디슨이 첫 특허를 출원했다.

가리발디

나는 보수도, 머물 곳도, 먹을 것도 주지 못한다.
나는 오로지 굶주림과 목마름을 줄 뿐이며
힘겨운 행군과 전투와 죽음을 약속할 따름이다.
입술이 아니라 가슴으로 조국을 사랑하는 이들이여, 나를 따르라.

주세페 가리발디, 1849년 7월 2일

1860년 5월 11일 시칠리아 서부 항구에 입항한 선박에서 천인대(I Mille, 千人隊)로 알려진 붉은 셔츠 군대가 앞다투어 하선했다. 당대 가장 유명하고 대담한 군인 가운데 한 사람이었던 주세페 가리발디의 지휘 아래 무장 군인들은 결의에 차 있었다. 그들의 목표는 부르봉 왕조가 통치하는 시칠리아를 해방하여 신생 이탈리아 왕국에 합류시키는 것이었다.

가리발디에게 이탈리아의 통일은 그가 한평생 헌신해온 대의명분의 마지막이었다. 1807년에 태어난 가리발디는 젊은 나이에 혁명에 이끌렸고 26세에 때마침 이탈리아를 떠나 망명길에 올랐다. 그는 남아메리카로 건너가 운명적으로 반군 활동과 연달아 맞닥뜨렸다. 브라질 제국에 맞서 파라포스전쟁(1835년부터 1845년까지 브라질 제국 남부 일대에서 농민과 목동이 주축이 되어 전개된 공화주의 반란으로 일명 라가머핀전쟁)과 우루과이 내전이 그것이다.

가리발디는 게릴라전의 대가이자 아주 유능한 해군 지휘관이었다. 1850년대에 그는 미국과 영국 사이를 오가는 상선을 운영했다. 그러나 통일에 대한 정치적 요구에 따라 이탈리아는 언제나 그를 고향으로 불러들였다. 1860년 가리발디의 시칠리아 상륙은 1871년 이탈리아의 통일과 함께 승리로 마무리될 캠페인의 시작을 알리는 것이었다.

가리발디의 전설은 그의 업적들만큼이나 인상적이었다. 그의 상징인 붉은 셔츠를 입은 이 사진은 1864년에 촬영된 것이다. 이 복장은 낭만적 탐험가이자 모험가라는 명성과 결합해 그를 전 세계적인 우상으로 만들었다. 물론 그가 사랑했고 통일을 위해 그토록 많은 일을 했던 이탈리아만큼 그를 받드는 곳은 없다.

이탈리아 통일

로마 외곽에 자리 잡은 살라리오 다리는 로마제국의 붕괴에도, 야만인 정복자들의 약탈에도, 나폴레옹 1세의 폭격에도 무너지지 않고 1860년대까지 건재했다. 그러나 1867년 다리 중앙에 있던 그 유명한 25미터 석조 아치는 결국 다리 아래 강물로 무너져 내렸다. 가리발디가 이끄는 군대의 진격을 저지하려던 교황청과 프랑스 군대에 의해 파괴된 것이다.

살라리오 다리는 이탈리아반도의 이질적인 국가들을 통일하려는 정치 군사 운동 리소르지멘토(이탈리아어로 '부흥'의 의미)의 희생양이었다. 이탈리아 민족주의자들은 19세기 대부분을 외국의 지배에서 해방된 자유로운 국민국가를 건설하기 위해 분투하며 보냈다. 그리고 1867년에 이르러 그 꿈은 거의 실현되고 있었다. 그들은 로마 중심의 교황령 국가를 제외한 이탈리아의 거의 모든 지역을 장악했다. 로마는 1861년 통일 이탈리아왕국의 수도로 선포되었지만 여전히 정복되지 않은 상태였다. 1867년에 가리발디의 병사들은 로마 점령을 목전에 두고 있었지만 프랑스 동맹군의 지원을 받은 교황 군대의 반격으로 패배했다. 살라리오 다리는 바로 이 전투 과정에서 파괴되었다.

로마는 결국 1870년 9월 20일에 이탈리아군에 함락되었고, 이듬해 이탈리아는 국왕 비토리오 에마누엘레 2세의 지배 아래 통일되었다. 살라리오 다리는 1874년에 재건되었고 20세기에 자동차 통행을 위해 확장되었다. 오늘날 이 다리는 이탈리아 국도 SS4의 볼품없는 일부가 되었다.

비스마르크

시대의 중요한 문제들을 결정하는 것은
연설과 다수결이 아니라……
바로 피와 철이다.

오토 폰 비스마르크, 1862년 9월

1850년대 크림전쟁의 여파와 결합되어 이탈리아에서 벌어진 전쟁은 유럽 강대국들 사이의 관계를 파괴하고 재편했다. 1860년대에 이르러 가장 뚜렷한 승자 중 하나로 떠오른 것은 프로이센왕국이었고 더 정확하게는 '철의 재상'이라는 별명을 가진 마성의 정치인 오토 폰 비스마르크였다.

이탈리아가 그랬듯이, 소규모 국가들이 느슨하게 결합된 고대 독일 왕국의 정치는 민족 통일로 나아가고 있었다. 1848년부터 1849년 사이 혁명이 잇달아 일어났지만 통일을 달성하는 데 실패했고 프로이센 왕 빌헬름 1세는 1862년에 노련한 외교관 비스마르크를 수상에 앉혔다. 그의 지상 목표는 프로이센을 중심으로 통일된 연방 독일을 완성하는 것이었다.

탁월한 외교관이자 유연한 정치인이며 공격적인 군사 지도자인 비스마르크는 향후 10년 동안 인접국을 상대로 한 전쟁에서 프로이센군이 신속하고 전면적인 승리를 거두도록 감독하며 유럽을 소용돌이 속으로 몰아넣었다. 1866년에 프로이센은 사도바(현재의 체코공화국)전투에서 오스트리아를 물리쳤고 여러 소규모 독일 국가들을 합병했다. 같은 해에 비스마르크는 다섯 차례나 총격을 당하고도 암살 시도에서 살아남았다.

1870년부터 1871년 사이 프로이센이 전쟁에서 프랑스를 물리치면서 독일의 완전한 통일을 위한 무대가 마련되었다. 빌헬름 1세는 황제로 등극했고 비스마르크는 그의 수상이 되었다. 이 사진은 노년의 비스마르크를 촬영한 것이다. 정치인으로서 그의 이력은 1890년대까지 계속되었고 그의 전설은 그보다 더 오래 유지되었다.

마지막 태후

유명한 외국인이 중국을 방문한다면 누구든 만나고 싶지만
평민은 그 누구도 내 궁정에 들이고 싶지 않다.

상궁 유덕령이 증언하는 서태후의 말

중국에서는 또 다른 능란한 정치인이 전쟁으로 얼룩진 청 왕조의 궁정에서 권력을 향해 움직이고 있었다. 바로 서태후였다. 베이징 출신인 서태후는 함풍제의 후궁이었으며, 함풍제의 아들이자 후계자인 동치제의 생모였다.

제2차 아편전쟁에서 치욕을 겪은 후 함풍제는 베이징을 빠져나갔다. 1861년 8월에 함풍제가 사망하자 황제의 부인들 가운데 최고 연장자인 동태후와 함께 서태후가 옛 통치자 가문들의 지원을 받아 쿠데타를 일으켰다. 그들은 황제의 궁정을 장악했고 5살 난 동치제(1861~1875 재위), 이어서 광서제(1875~1908 재위)의 섭정으로 지배권을 행사했다.

여성은 남성 관료들의 회의에 모습을 드러낼 수 없었기 때문에 서태후와 동태후는 말 그대로 '장막 뒤에서' 통치했다. 이런 불편함에도 서태후는 타고난 통치 재능을 보여주었고 동태후를 훨씬 능가했다. 1860년대와 그 후 몇몇 중요한 순간에 서태후는 서양의 기술과 교육에 개방적인 태도를 보였다. 하지만 이런 태도는 서태후의 타고난 보수적 본능과 충돌을 일으켰고, 권위적인 통치 방식은 주변 사람들과 다툼에 휘말리게 했다.

서태후는 1908년에 사망했다. 그리고 이 사진은 서태후가 사망하기 5년 전에 외교관의 아들이자 상궁 유덕령의 오빠이자 아마추어 사진가였던 유훈령이 촬영한 것이다. 서태후가 중국을 장악하고 나서 40년 뒤에 촬영한 사진이지만 사진 속 서태후의 위엄은 전혀 빛이 바래지 않았다.

떠오르는 태양

다가올 시대를 위해,
그리고 우리가 마주해야 할 것들과
만나게 될 때를 위해,
우리 모든 신민이 성실성의 길을 따라
걷는 법을 가르쳐야 한다.

메이지 천황의 시

중국처럼 일본도 황제가 다스렸지만, 일본의 천황은 오랫동안 유명무실한 존재였다. 16세기 말부터 천황은 교토의 황궁에 칩거했고 정부는 쇼군의 수중에 있었다. 쇼군은 도쿠가와 가문 출신의 봉건적인 군사 독재자로서 일본 전역의 다이묘들, 곧 자신의 영지를 통치하는 영주들에게 권력을 위임했다.

1860년대에 이르러 도쿠가와 막부 정권이 약화되고 대외 관계에서 일본의 전통적인 고립정책이 와해되고 있었다. 1854년에는 군함을 이끌고 온 미국의 매튜 페리 제독이 무역을 강제로 개방하는 조약을 일본에 강요했다.

1863년 펠리체 베아토가 촬영한 이 사진은 일본 역사의 인상적인 장면 중 하나로, 일본 남서부 사쓰마번 사무라이들을 보여준다. 1867년 사쓰마번과 이웃한 조슈번의 지배 집단이 도쿠가와 요시노부 쇼군에 대항해 반란을 일으켰고 혁명을 강행했다.

그해 11월 고메이 천황이 사망하자 14살 난 아들 무쓰히토가 황위를 계승했다. 이후 권력은 쇼군에서 다시 천황에게 이양되었으며 권력의 중심이 에도로 옮겨졌다. 이것이 바로 메이지유신이다. 이때부터 일본의 정책은 개방, 제한적 민주주의, 산업화, 동양의 사회적 가치들과 결합된 서양 기술의 수용이라는 화혼양재(和魂洋才, 조선의 동도서기와 같은 뜻)로 선회했다.

농노해방령

나는 러시아 농노에게 개인적 자유는 물론이고
토지까지 허락했다.
이로써 나는 노예해방선언으로 흑인 노예에게 자유를 선사한
미국 대통령 링컨보다 더 큰일을 했다.

차르 알렉산드르 2세, 1879년 8월 17일

"농노제가 아래로부터 폐지되기를 기다리기보다 차라리 위에서 폐지해 버리는 편이 낫다." 이는 1856년 러시아 차르 알렉산드르 2세의 말로, 러시아 전역 수백만 농민들이 합법적인 노예 상태였던 러시아 사회의 봉건적인 구조를 지적한 것이다. 농민들은 토지에 속박된 채 자신들의 신체와 영혼까지 소유한 지주를 위해 노동을 강요당하며 살아갔다. 그들은 자기 토지를 소유할 수도, 결혼을 직접 선택할 수도, 법에 호소할 수도, 투표 할 수도 없었다.

러시아에서는 1649년부터 농노제가 존재해왔지만 1860년대에 이르러 차르를 비롯한 많은 사람들이 도덕적으로나 경제적으로나 농노제를 옹호할 수 없다고 생각했다. 마침내 1861년에 차르 알렉산드르 2세는 길고 세세한 농노해방령을 선포해 2000만 명이 넘는 농노를 족쇄에서 풀어주었고 그들에게 재산과 법적 권리를 부여했다.

관대해 보이는 이 법령 덕분에 알렉산드르는 '해방자'라는 별명을 얻었지만 그의 조치가 완전히 밝고 새로운 여명을 의미하는 것은 아니었다. 농민들이 구입해 활용할 수 있는 토지는 거의 없거나 있어도 토질이 형편 없었고, 새로운 지방정부 체제는 봉건 영주를 대신해 효율적으로 지방 촌락인 미르(mir)에 사람들을 속박시켰다. 농노해방은 분명 내전이나 대혼란이나 무정부상태 없이 거둔 놀라운 성과였다. 그러나 이러한 개혁은 대다수 러시아 인민의 삶을 본질적으로 개선할 만큼 전면적인 변화의 물결을 일으키지는 못했다. 알렉산드르 2세의 불완전한 혁명의 결과들은 조만간 명확하게 드러날 것이었다.

자본론

다윈이 유기적 자연의 발전 법칙을 발견했듯이,
마르크스 또한 인류 역사의 발전 법칙을 발견했다.
프리드리히 엥겔스의 마르크스 장례식 조사 중, 1883년

근대사에서 가장 우상화된 동시에 가장 경멸받는 저자인 카를 마르크스
는 19세기 세계를 뒤흔든 혁명의 소용돌이에 영감을 받았다. 그는 독일의
사회과학자, 언론인, 경제학자이자 사회주의자였다.

1860년대에 마르크스는 런던에 살면서 신문에 글을 기고하고 '자본론'
이라는 제목으로 출간될 경제와 역사에 관한 기념비적 연구를 진행했다.
1867년에 『자본론』 첫 권이 출간되었고 마르크스는 세계적으로 급진적
이고 위험한 사상가라는 평판을 얻었다. 마르크스는 『자본론』을 출간하
기 전에 동료 프리드리히 엥겔스와 함께 발표한 짤막한 책 『공산당 선언』
(1848)으로 이미 그런 평판을 얻은 상태였다.

마르크스와 엥겔스가 분석의 토대로 삼은 것은 인간 사회가 계급투쟁
으로 진보한다는 믿음이었다. 계급투쟁은 필연적으로 혁명이라는 최종
단계로 이어지며 자신들의 공통된 곤경을 깨달은 노동자들이 봉기를 일
으켜 생산수단을 장악하고 이상적인 공산사회를 건설할 것이라는 게 두
사람의 믿음이었다.

마르크스는 1883년에 사망했고 그의 공산주의 유토피아는 실현되지
않았다. 그리고 그가 세상을 떠나고 수십 년이 지나 그의 저술에 영감을
받은 폭력적인 혁명들이 발생했다. 이 사진은 1875년 런던에서 촬영된 것
으로 당시 마르크스는 리젠트 스트리트에 있는 존 메이올의 스튜디오를
찾아 사진 여러 장을 연이어 촬영했다. 마르크스는 메이올이 찍은 유명한
인물 가운데 한 사람이었다. 1850년대 유명 사진가인 메이올의 성공적인
연작 사진 중에는 영국 왕가의 사진들도 포함되어 있다.

자유와 노예제

카를 마르크스는 1861년부터 1865년 사이 미국을 분열시켰던 분쟁, 즉 미국 여러 주들 사이에 벌어져 수십만 명을 죽음으로 내몰았던 남북전쟁에 관해 칼럼 수십 편을 신문에 기고했다.

남북전쟁의 핵심에는 노예제가 있었다. 물론 산업화된 북부와, 농업과 면화 무역으로 경제와 생활 방식을 유지하던 보수적인 남부 시이의 불균형 같은 다른 요인들도 작용했다.

그러나 1860년대에 이르러 이 모든 것들은 노예제라는 문제 단 하나로 귀결되어 다른 모든 요인들을 지배했다. 노예를 소유할 권리가 헌법에 명시된 미국 시민의 양도할 수 없는 자유인지, 아니면 자유에 역행하는 것인지에 관한 문제가 첨예하게 대립했다.

노예제 폐지론자를 자처한 에이브러햄 링컨이 제16대 미국 대통령에 선출되자 1861년에 남부 7개 주가 연방을 탈퇴했다. 그들은 버지니아주 리치먼드를 수도로 삼고 제퍼슨 데이비스를 대통령으로 내세워 남부연합을 창설했다. 4월에는 남부와 북부 사이에 전쟁이 벌어졌다.

이 유명한 사진은 조지아주 애틀랜타의 노예 경매장에서 푸른색 연방군복을 입은 흑인 병사가 경비를 선 모습을 보여준다. 얼핏 보면 남부의 삶을 담은 이미지 같지만 실은 1864년 남부연합의 패배가 거의 확실시될 때 촬영된 것이다. 사진가 조지 N. 버나드는 사진의 구도를 통해 무엇보다도 아프리카계 미국인의 기본권이 달려 있었던 전쟁의 결과에 대해 논평하고 있다.

우리 모든 백인은 지위가 높든 낮든, 부유하든 가난하든 법 앞에 평등하다.
그러나 흑인들은 그렇지 않다. 그들에게는 종속 상태가 어울린다.
그것이, 자연의 이치에 따라 …… 그들이 우리 체제 안에서 차지하는 위치이다.

남부연합 부통령 알렉산더 스티븐스, 1861년 3월 21일

정직한 에이브

일반적으로 진실은 비방에 맞서는
가장 좋은 해명이다.

에이브러햄 링컨이 국방장관 에드윈 M. 스탠턴에게
보낸 편지, 1864년 7월 14일

에이브러햄 링컨은 대통령에 어울리지 않을 법한 특이한 인물이었다. 그는 우아하지는 않지만 카리스마가 있었고, 영적이지만 종교적으로는 무신론을 표방한 인물이었다. 게다가 그의 높은 교양 수준은 거의 독학으로 얻은 것이었다. 1809년 일리노이주 통나무집에서 태어난 링컨은 1830년대 내내 정계 진출을 모색했고 1861년에 비로소 백악관에 입성해 남북전쟁 문턱에 이르렀다. 대통령에 취임했을 때 링컨은 특유의 성실함과 간결한 연설 덕분에 '정직한 에이브'라는 별명을 얻었다.

그러나 전쟁으로 그는 확실하게 변했다. 이 사진은 1860년에 알렉산더 헤슬러가 촬영한 것이다. 링컨은 남부의 영토와 기존 생활 방식을 철저히 파괴해야만 승리를 얻을 수 있다는 사실을 절감했다. 또한 노예제에 대한 그의 생각도 명확해졌다. 1861년 3월 4일 취임 연설에서 링컨은 이렇게 말했다. "나는 노예제가 존재하는 주의 노예 문제에 직접적으로든 간접적으로든 관여할 의사가 없습니다." 그러나 그로부터 2년이 채 지나지 않아 링컨은 노예해방선언을 통해 "남부의 300만 노예는 이 시점부터 영원히 자유"라고 선언했다.

오늘날 링컨은 조지 워싱턴과 함께 미국인들에게 가장 존경받는 대통령이다. 그러나 재임 시절에는 맹렬한 비난을 받기도 했다. 북군 총사령관이었던 조지 매클렐런은 링컨을 가리켜 '원조 고릴라'라고 풍자하기도 했다. 《타임스》는 1863년 링컨의 연설을 '지루하고 상투적'이라고 폄훼했다. 사실 이 평은 게티즈버그 연설을 두고 한 것이었는데, 오늘날 거의 모든 미국 학생이 이 연설을 달달 외운다.

게티즈버그

1863년 7월 5일 알렉산더 가드너와 조수 티모시 오설리번은 펜실베이니아의 요지 게티즈버그 주변 들판과 언덕을 돌며 남북전쟁 중 인명 피해가 가장 컸던 전투에서 목숨을 잃은 수천 명의 시신이 널브러진 풍경을 카메라에 담았다.

로버트 E. 리 장군이 이끄는 남부연합군은 7월 첫 3일 동안 조지 G. 미드가 이끄는 대규모 연방군(북군)에 제압되었다. 교전은 묘지 능선(Cemetery Ridge), 악마 소굴(Devil's Den)처럼 으스스한 지명을 가진 여러 지점에서 집중적으로 전개되었고 16만 5000명 넘게 전투에 투입되었다. 가드너와 오설리번이 이 사진을 찍었을 때는 그 가운데 거의 3분의 1이 죽거나 죽어가거나 불구가 되었거나 실종된 상태였다.

게티즈버그전투는 전쟁의 결정적인 순간이었다. 이 전투로 리 장군의 북부 침공은 사실상 중지되었으며 남부연합이 무력으로 독립을 보장받거나 노예제를 영속시킬 수 있는 어떤 교섭도 완전히 차단되었다. 조지 G. 미드, 윌리엄 T. 셔먼, 율리시스 S. 그랜트가 이끄는 연방군은 승리를 향해 나아갔고, 1865년 4월 버지니아주 애퍼매톡스 코트하우스에서 리 장군으로부터 최후의 항복을 받아냈다.

확고한 연방주의자였던 가드너는 북군과 동행하며 오설리번과 함께 촬영한 사진들로 연방이 고수했던 대의명분의 정의로움과 전쟁의 잔인성을 강조했다. 그들이 촬영한 가장 유명한 사진들 가운데 일부는 연출된 것이었다. 그들은 시체들을 옮겨놓고 이동 스튜디오에 보관하던 소품들을 꺼내 늘어놓았다.

전투는 곧잘 정교하게 묘사해야 할 주제로 인식되어왔다.
하지만 그것은 단 한마디로 표현할 수 있다.
바로 '극악함'이다!

알렉산더 가드너, 1866년

항복

나는 그토록 오랫동안 용감히 싸워온 적의 몰락에 마냥 기뻐할 수만은 없었다.
그들이 그토록 많은 고통을 감내하며 지켜내려 했던 명분은
지금까지 사람들이 싸움으로 지켜내려 한 명분들 가운데
최악의 것이었다고 믿는다.

율리시스 S. 그랜트가 애퍼매톡스를 회고하며, 1865년

버지니아주 리치먼드는 남부연합의 수도였다. 또한 남부의 가장 뛰어난 군인 로버트 E. 리의 고향이기도 했다. 탁월한 전략가였던 리는 전쟁 내내 남부인들이 희망을 걸었던 인물로 남부연합 대통령 제퍼슨 데이비스의 위상을 넘어섰다.

리는 한평생 전사였다. 웨스트포인트 사관학교의 유명 인사이지 1840년대 멕시코전쟁(이 전쟁으로 미국은 텍사스를 합병했다)의 참전 용사였으며 역경에 맞서 일련의 승리를 얻어낸 지독하게 공격적인 장군으로, 7일전투(1862), 제2차 불런전투(1862), 프레더릭스버그전투(1862), 챈슬러스빌전투(1863), 콜드하버전투(1864)에서 연방군 지휘관들을 압도했다.

여기 실린 리 장군의 사진은 워싱턴에서 활동하던 사진가 매슈 브래디가 촬영한 것이다. 전쟁 기간 알렉산더 가드너 등의 사진가들이 그의 밑에서 활동했다. 1865년 4월 16일 리 장군의 집을 방문한 브래디는 아들 커스티스 리(왼쪽)와 충직한 부하 월터 H. 테일러(오른쪽)와 함께 있는 리 장군을 발견했다. 사진의 음산한 분위기에서 끔찍한 그 시대가 포착된다. 일주일 전에 이미 리는 애퍼매톡스 코트하우스에서 북버지니아군과 함께 연방군의 율리시스 S. 그랜트 장군에게 투항했다. 그리고 이틀 전 링컨 대통령은 총격으로 치명상을 입었다.

리 장군은 한때 이런 말을 한 것으로 유명하다. "전쟁이 끔찍한 건 좋은 일이다. 그렇지 않다면 남자들이 전쟁을 좋아하게 될 테니." 리가 주역을 맡은 전쟁은 62만 명이 목숨을 잃고 막을 내렸다.

식민지 건설

지금은 인종을 조직하고 통합하는 시기로 보인다.
유럽에서는 여러 인종이 그들의 자연적 친화력에 따라
서로를 하나로 묶으려고 애쓰고 있다.

에드워드 윌멋 블라이든, 『기독교, 이슬람, 흑인 인종』, 1888년

미국 남북전쟁의 주요 쟁점은 노예의 권리였고, 노예들은 대부분 서아프리카에서 이송된 사람들의 후손이었다. 1810년대 이후 일부 미국인들은 상황을 되돌리자고 주장했다. 1820년대와 1830년대에 미국식민협회는 식민지를 건설하기 위해 해방된 아프리카계 미국인들을 후추해안(아프리카 서부, 시에라리온과 라이베리아 근처에 있는 해안으로 후추 집산지로 유명하다)으로 실어 보냈다. 취지는 좋았지만 인종주의적이었던 이 정책은 라이베리아 건설로 이어져 혼혈 개신교 계급이 권력을 장악하고 아프리카 원주민들을 지배했다.

이 새로운 라이베리아인들 가운데 한 사람이었던 에드워드 윌멋 블라이든(윗줄 오른쪽 끝)은 장로교회 목사이자 언론인으로 1832년 카리브해 세인트토머스섬에서 태어나 1850년에 라이베리아로 이주했다. 블라이든은 외교관이자 신문 칼럼니스트이자 학자로 일하면서 라이베리아의 지식계에 깊이 관여했다. 1861년에 그는 라이베리아대학교의 라틴어와 그리스어과 교수가 되었다. 그는 '에티오피아주의'에 관한 방대한 저술을 통해 지구 전역에 흩어져 있는 아프리카계 흑인들에게 최선은 '고향'으로 돌아가는 것이라고 주장했다.

여기 실린 사진은 라이베리아를 떠나 시에라리온에 온 중년기 블라이든을 보여준다. 그의 어깨 뒤로 보이는 깃발은 개신교 선교와 복음 전파를 목적으로 하는 미국 선교 단체 기독청년면려회(YPSCE)를 선전하고 있다. 블라이든이 YPSCE의 이상에 얼마나 헌신적이었는지는 확실치 않다. 다만 그는 나이가 들면서 차츰 사하라 이남의 아프리카인들에게는 이슬람교가 더 적합하다고 생각하게 되었다.

오스트레일리아 페어

야만적인 옛 시절에 노란 제복을 입은 죄수들이 상륙했고,
도적 떼들이 진지를 틀었고,
캥거루를 쫓는 순진무구한 흑인이 무자비하게
마구 살육당했던 곳이 바로 이 낙원이다.

마크 트웨인이 묘사한 19세기 오스트레일리아, 1895년

대서양 멀리, 제국의 팽창이 있었던 또 다른 지역에서 1860년대에 급속한 변화가 일어나고 있었다. 18세기 말 오스트레일리아 동부 해안 지역은 영국의 유배지로 사용하기에 적합한 곳으로 인정받았다. 1860년대에 영국 국왕이 차지한 드넓은 영토에 농민, 금광업자 등의 정착민들이 터를 잡았다. 그들은 도시를 건설하고 토지를 개간하고 외국인 노동자들을 데려왔다.

외국인 노동자들 가운데는 남태평양, 토러스해협, 파푸아뉴기니의 섬에서 노예로 잡혀 강제로 이주된 이들이 있었다. 그런가 하면 중국, 인도, 이란 등지에서 자발적으로 도착한 이들도 있었고, 오스트레일리아 황무지를 가로질러 낙타 행렬을 몰기 위해 이집트와 튀르키예에서 온 노동자들도 있었다.

북아메리카에서 그랬던 것처럼, 오스트레일리아에서도 식민지 건설은 4만 년에서 8만 년 동안 오스트레일리아 대륙과 인근 섬들에 거주해온 토착민들과 심각한 갈등을 초래했다. 오스트레일리아 원주민을 담은 이 사진은 1860년대부터 1900년대 사이에 자주 볼 수 있는 구도로 촬영되었는데, 유럽식 의상과 예절이 전통적인 생활양식과 공존하는 모습을 보여준다.

현실은 유행을 바꾸는 것보다 훨씬 더 가혹했다. 예를 들어 1860년대 멜버른의 입법자들은 원주민 보호법을 도입했다. 그 법은 빅토리아 식민지 총독에게 오스트레일리아 원주민들이 어디에 살고 얼마나 벌지를 결정하고 아이들을 부모들과 갈라놓을 권한까지 부여했다.

수에즈운하

이집트에 자리한 수에즈 지협의 사막 200킬로미터를 가로질러 조성된 인공 수로인 수에즈운하는 프랑스 외교관 페르디낭 드 레셉스가 고안한 것이다. 지중해와 홍해를 연결해 서유럽과 극동을 잇는 최단 거리 무역로를 건설하는 것이 운하의 목적이었다. 당시 상인들은 '아프리카의 뿔(아프리카 대륙 동쪽 돌출부)'을 돌아 항해해야 했다. 드 레셉스는 이집트 총독 무함마드 사이드 파샤의 영향력을 이용해 오랫동안 품어온 꿈을 실현했고, 1869년에 운하는 모든 국적의 선박에 공식적으로 개방되었다. 개통식은 11월 16일부터 17일까지 이틀 동안 열렸다. 하루 동안 종교 예식을 치르고 다음 날은 공식적으로 프랑스 황실 요트인 독수리호를 선두로 배들이 운하를 통과하는 기념식이 예정되어 있었다.

수에즈운하는 특히 영국인들에게 적잖은 논란을 일으켰다. 영국인들은 수에즈운하 때문에 인도 무역이 방해받을까 봐 염려했다. 수에즈운하의 건설을 저지하지 못한 영국은 그 대신 개통식에서 프랑스를 골탕 먹이기로 결정했다. 운하를 통과하는 최초 선박으로 독수리호가 예정되어 있었지만 영국 해군 함선 뉴포트호가 운하 진입을 기다리던 프랑스 요트를 앞질러버렸다.

수에즈운하는 다가올 세기의 세계 정세에 뚜렷한 영향을 끼쳤다. 전 지구적 운송을 훨씬 더 빠르게 만들었고, 유럽이 아프리카에 더욱 눈독을 들이게 재촉했다. 세계무역에서 아프리카의 중요성이 커졌고, 그리하여 아프리카는 식민 정복과 약탈의 대상이 되었다.

혼란의 시대

나는 내 눈앞에 펼쳐진 모든 아름다움을 포착하고 싶었고
마침내 그 바람이 실현되었다.

줄리아 마거릿 캐머런, 1874년

와이트섬 프레시워터에는 저택이 하나 있었는데, 집주인이 실론섬 (오늘날 스리랑카)에 가지고 있던 영지 이름을 따라 딤볼라 별장이라 불렀다. 이웃에는 영국 계관시인 앨프리드 테니슨이 살았다. 저택 바깥쪽에는 닭장을 개조한 사진 스튜디오가 있었는데, 그 집의 여주인 줄리아 마거릿 캐머런이 그곳에서 카메라로 첫 실험을 시작했다.

1815년에 인도에서 태어난 영국인 캐머런은 48세에 뒤늦게 사진에 입문했지만 초창기 사진 분야에서 가장 중요한 활동가 가운데 한 사람이었다. 그의 손에서 감광판은 사실보다 감정을 담아냈다. 그는 1840년대 말에 결성된 라파엘전파의 감성으로 사진을 촬영하는 예술가였다. 그의 관심은 로저 펜턴이나 알렉산더 가드너의 뚜렷한 세속성으로 상상할 수 있는 것과 거리가 멀었다.

캐머런은 부드러운 초점으로 화면을 가득 채우고 로맨스, 역사주의, 판타지, 신화 같은 주제를 담아내는 작업에 골몰했다. 심지어 찰스 다윈처럼 하이칼라를 달고 수염이 덥수룩한 세계적 유명 인사를 피사체로 삼아 사진을 찍을 때도 영적인 것을 불어넣었다. 그는 '외면의 특징이 아닌 내면의 위대함'을 발견하는 것이 자신의 목적이라고 말한 적이 있다. 그는 모델들을 아서왕이나 로마 여신 디아나 같은 상상 속 과거 인물처럼 차려입히거나 전형적인 모습으로 자세를 취하게 하는 걸 좋아했다. (모든 초상화에서 수줍은 포즈를 취하던) 테니슨조차 캐머런이 찍은 〈지저분한 수도사〉라는 사진에서는 수염을 덥수룩하게 기른 중세 학자가 되었다.

캐머런의 사진 경력은 짧지만 인상적이었다. 1863년에 자녀들로부터 카메라를 선물 받은 후 사진 촬영을 시작했고 1875년경 남편 찰스 헤이 캐머런과 함께 와이트섬을 떠나 실론으로 돌아갔을 때 사진 촬영을 그만두었다. 그러나 1879년 세상을 떠났을 때 그는 사진 분야에 지울 수 없는 발자취를 남겼다. 뜻이 맞는 소수의 사람들(오스카 귀스타브 레일랜더, 『이상한 나라의 앨리스』를 쓴 루이스 캐럴이 그런 사람이었다)과 함께 캐머런은 사진을 진정한 예술형식으로 만드는 데 선구적인 역할을 했다.

1860년대와 1870년대 캐머런이 여러 번 사진 촬영을 거듭했을 만큼 아꼈던 모델은 조카 줄리아 잭슨(훗날 작가 버지니아 울프의 어머니가 되었다)과 메이 프린셉이었다. 메이 프린셉은 사진에서 보듯 베아트리체 첸치로 분장하고 카메라 앞에서 자세를 취했다. 16세기 말 로마의 비극적인 젊은 귀족이었던 베아트리체 첸치는 학대를 일삼는 아버지를 살해한 죄로 교황 클레멘스 8세의 명에 따라 형제들과 함께 참수당했다.

비록 1866년에 처음 인화되었지만, 베아트리체 첸치의 음산한 역사는 괴기함과 경이로움이 제멋대로 뒤섞인 1870년대와 아주 잘 어울리는 이 야기였다.

1870년대의 어떤 사건들은 그야말로 중세적이었다. 로마에서는 시대에 역행했던 비오 9세의 이례적으로 긴 통치가 끝을 향해 치닫고 있었다. 그의 통치 기간을 특징짓는 것은 세속 군주들과 치른 전쟁과 '교황 무류성'이라는 교리의 단언이었다. 스페인에서는 카를로스 왕가의 계승자를 자처하는 자가 부당하게 빼앗긴 왕위를 되찾기 위해 전장에 나섰다. 프랑스가 프로이센과 치른 불운한 전쟁에서 패한 뒤, 파리에서는 무장한 시민 군들이 반란을 일으켜 파리코뮌을 선언했다. 결국 파리 역사상 가장 많은 피를 흘린 학살로 최후를 맞았다.

그러나 1870년대의 다른 많은 발전들은 본질적으로 근대적이었다. 산업 자본주의의 보이지 않는 실타래들이 그 어느 때보다 긴밀히 엮여 있던 세계경제는 (장기 불황으로 알려진) 역사상 최악의 집단적 경기 침체를 겪고 있었다. 미국에서는 남북전쟁이 남긴 깊은 골로 나라가 황폐해졌다. 남부에서 앤드루 존슨, 율리시스 S. 그랜트, 러더퍼드 B. 헤이스의 행정부가 재건이라는 어마어마한 도전에 직면했고 서부에서는 풍부한 광맥과 황무지 지형 조사에 착수했다. 이러한 토지 조사와 탐사 활동으로 인해 행정부와 아메리카원주민 사이의 긴장이 극심해졌다.

아프리카에서는 데이비드 리빙스턴과 헨리 모턴 스탠리 같은 영국 탐험가들이 아프리카 대륙 내부 지도를 완성하고 있었다. 그들의 대담한 탐사 여행은 유럽 주요 강대국들이 토지와 자원을 이용하기 위해 아프리카에서 무자비한 약탈을 시작한 과정과 무관하지 않았다. 아프가니스탄 수도 카불에서는 영국과 러시아의 '그레이트 게임'으로 거리가 피로 얼룩졌다. 발칸 지역에서 다르다넬스까지 뒤덮은 러시아·튀르키예전쟁 역시 마찬가지였다.

그렇지만 테니슨 같은 위대한 시인들부터 레프 톨스토이 백작 같은 소설가들, 캐머런 같은 초상 사진작가에 이르기까지 예술가들은 계속해서 그 모든 것을 이해하려고 노력했다. 특히 제국주의적 배경 속에서 근대적 수단과 중세적 감수성을 지닌 사진작가 캐머런은 영국해협의 작은 섬에 닭장을 개조해 마련한 자신의 성소에서 세심한 구도로 그 세계를 포착했다.

1871

1월 프로이센 빌헬름 1세가 베르사유궁전에서 독일 황제 (카이저)로 즉위했고 비스마르크를 신생 독일제국 수상으로 임명했다.

3월 파리코뮌이 성립되었으나 2개월 만에 정부에 의해 분쇄되었다.

10월 화재로 시카고 대부분이 소실되었다.

11월 헨리 모턴 스탠리가 탕가니카호 부근에서 사라진 데이비드 리빙스턴 박사를 추적해냈다.

1873

1월 나폴레옹 3세가 망명 생활 중 사망했다.

5월 고고학자 하인리히 슐리만이 트로이의 고대 도시라고 주장한 유적에서 '프리아모스의 보물'을 발굴했다.

5월 빈의 증권시장 폭락을 시작으로 장기 불황으로 이어진 전 세계적 금융시장 붕괴가 촉발되었다.

1870

6월 스페인 이사벨라 여왕이 공식적으로 퇴위하면서 제3차 카를로스전쟁이 발발했다.

7월 프로이센·프랑스전쟁이 발발했다.

9월 프랑스 나폴레옹 3세가 폐위되고 제3공화정이 선포되었으며 파리 점거가 시작되었다.

1872

3월 와이오밍주, 몬태나주, 아이다호주에 걸쳐 옐로스톤 국립공원이 지정되었다.

3월 잉글랜드 축구협회 최초 FA컵 결승전이 치러졌다.

1874

12월 알폰소 12세가 스페인 왕위를 주장하면서 스페인 제1공화정이 종식되었다.

1875

11월 영국이 수에즈운하의 이집트 지분을 매입했다.

1876

3월 알렉산더 그레이엄 벨이 최초 전화 통화로 조수 왓슨에게 자신에게 오라고 지시했다.

6월 리틀빅혼전투에서 라코타 수족과 샤이엔족 전사들이 미국 기병을 상대로 승리를 거뒀고 조지 암스트롱 커스터가 사망했다.

11월 포르피리오 디아스가 멕시코 대통령에 당선되었다.

1877

4월 러시아와 오스만제국 사이에 전쟁이 발발했다.

4월 레프 톨스토이의 『안나 카레니나』가 4년간의 연재를 끝내고 완간되었다.

1878

2월 에디슨이 축음기 특허를 출원했다.

2월 교황 비오 9세가 사망했다. 31년간 재임하며 성 베드로 이후 최장수 교황에 등극했다.

11월 카이바르 고개 전투로 제2차 영국·아프간전쟁이 발발했다.

1879

1월 영국·줄루전쟁이 일어났고 로크스 드리프트 전투가 벌어졌다.

10월 에디슨이 전구를 시연하고 특허를 출원했다.

파리코뮌

1870년 7월에 프랑스와 프로이센 사이에 전쟁이 일어났다. 전쟁 조짐은 오래전부터 있었다. 오토 폰 비스마르크 수상이 준비한 프로이센군이 프랑스군보다 월등하다는 사실이 백일하에 드러났다. 늙고 병들어 혼란에 빠진 나폴레옹 3세는 독일에서 포로로 잡혀 수감되었고 프랑스 제2제정이 붕괴했다. 새로 들어선 제3공화정 정부는 전쟁을 지속하기로 결의했지만 1871년 1월까지 4개월째 파리는 프로이센 군대에 포위되어 있었다. 결국 프랑스는 항복했고 프로이센 왕 빌헬름 1세가 베르사유궁전에서 신생 독일제국 황제로 즉위하는 것을 지켜봐야 했다.

포위 기간에 파리를 수비한 것은 민병대인 국민방위군이었고 이들은 차츰 급진적인 색채를 띠기 시작했다. 3월까지 독일 군대가 여전히 파리에 주둔해 있었고 파리 내부에서는 폭동 분위기가 감지되었다. 3월 18일에 파리 방어선에서 대포를 철거하려는 정부의 시도에 맞서 무장 저항이 발생했다. 8일 뒤 치러진 파리 시 선거에서 코뮌이 성립되었다. 혁명적 사회주의 정부였던 파리코뮌은 거리에 방어벽을 치고 증원된 국민방위군 예비군들이 수비하게 했다. 코뮌 참가자들은 5월 21일 정규군이 파리를 휩쓸 때까지 2개월 동안 버텼다. 불타는 건물과 대규모 처형이라는 끔찍한 풍경을 배경으로 '피의 주간'에 코뮌은 분쇄되었고 질서가 회복되었다. 앙드레 아돌프 외젠 디스데리가 찍은 이 유명한 사진은 학살되어 집단으로 매장된 6000명에서 1만 명으로 추산되는 코뮌 참가자 가운데 고작 수십 명의 모습만 보여줄 뿐이다.

파리코뮌을 보라. 그것은 바로 프롤레타리아 독재였다.
카를 마르크스의 「프랑스 내전」에 부친 프리드리히 엥겔스의 후기

카를로스전쟁

프로이센·프랑스전쟁으로 프랑스 제2제정이 몰락하는 동안 스페인에서는 왕위를 둘러싼 분쟁이 전쟁으로 비화하고 있었다. 1833년에 부르봉가의 국왕 페르난도 7세의 후사를 둘러싼 분쟁이 일어나면서 왕족들이 대립하기 시작했다. 한편에는 페르난도의 딸 이사벨라 2세 여왕이 있었고 다른 한편에는 페르난도의 동생 카를로스의 후손들이 있었다. 보수적인 카를로스파는 여성 군주를 인정하지 않고, 전통적이고 보수적인 가치를 옹호하며 자신들이 스페인의 정당한 왕이라고 주장했다.

이 사진의 인물은 1870년대에 자신이 카를로스파의 공식적인 왕위 계승자라고 주장했던 마드리드 공작 카를로스다. 그의 주장은 거의 관철될 뻔했다. 1870년 자유주의자들의 봉기로 이사벨라 여왕은 왕위에서 물러나야 했다. 그 자리를 대신해 대중의 지지를 받지 못한 이탈리아 왕자가 스페인 의회에서 아마데오 1세로 추대되었지만 1873년에 퇴위했다. 그 후 22개월 동안 공화정부 시기가 이어졌고 1874년 12월 마침내 이사벨라의 아들 알폰소 12세의 즉위로 부르봉 왕정이 복고되었다.

혼란 속에서 자칭 카를로스 7세는 카탈루냐와 바스크 지방의 분리주의 정서를 부추기고 자원병 군대를 꾸려 게릴라전을 펼치며 상당한 파란을 일으켰다. 1873년에서 1875년 사이에 카를로스파들은 전장에 수천 명, 심지어 수만 명이나 되는 병력을 투입했다.

그러나 몇몇 주요 전투와 포위전에도 불구하고 1876년에 카를로스는 전력이 월등한 정부군에게 패배를 인정하고 프랑스로 망명했다. 1881년부터 그는 또다시 자신이 프랑스의 정당한 왕 샤를 11세라고 주장했다. 그는 1909년 어떤 왕위도 얻지 못한 채 세상을 떠났다. 그러나 카를로스파들은 계속 왕위를 주장했고 스페인내전 기간에 프랑코 장군이 이끄는 국민군에 운명을 걸었다.

러시아·튀르키예전쟁

스페인이 내분을 겪고 프랑스가 프로이센의 공격에 대응하는 사이, 동유럽은 러시아제국과 오스만제국의 오랜 적대 관계로 고통을 겪고 있었다. 1870년대에는 발칸반도에 긴장이 고조되었다. 1875년부터 1876년 사이에 반란의 물결이 이어져 오스만제국의 지배 아래 있던 불가리아, 루마니아, 세르비아, 몬테네그로, 보스니아 헤르체고비나에서 국지전이 발생했고, 가혹하게 진압되었다.

발칸반도의 반란자들은 유럽 전역에서 상당한 공감을 얻었다. 불가리아에서 민간인을 대상으로 잔혹한 행위와 학살이 광범위하게 자행되었다는 기사들이 보도된 후에 특히 동정 여론이 일었다. 러시아는 이를 기회로 보았다. 크림전쟁과 달리 유럽 강대국 중 어느 나라도 오스만제국을 도우려 나서지 않았다. 1877년 차르 알렉산드르 2세는 오스만제국에 전쟁을 선포하고 서쪽으로 다뉴브강을, 동쪽으로는 코카서스산맥을 넘어 튀르키예로 진군했다.

이 사진에 등장하는 이들은 오스만제국의 수비 대원들로 제국의 심장부를 수호하는 임무를 받았다. 1877년부터 1878년 사이에 치러진 전쟁에서 그들은 연전연패를 기록했다. 1878년 3월까지 러시아군은 콘스탄티노플을 위협했고 오스만군은 산스테파노 조약을 체결할 수밖에 없었다. 그 조약에 따라 루마니아, 세르비아, 몬테네그로, 보스니아가 모두 오스만제국의 지배에서 해방되었고, 러시아의 보호 아래 방대한 불가리아 공국이 탄생했다.

발칸반도의 반란과 오스만제국에 맞선 러시아의 승리는 이 지역의 세력 판도를 크게 바꾸어놓았다. 이런 변화의 결과는 다음 세기가 시작되고 나서야 뚜렷해졌다.

레프 톨스토이

튀르키예에 맞선 러시아의 전쟁은 레프 니콜라예비치 톨스토이 백작이 쓴 『안나 카레니나』의 마지막 부분에 비중 있게 등장한다. 이 소설은 1875년부터 1877년 사이 《루스키 베스트니크》에 연재되었고 현대문학의 걸작 가운데 하나로 꼽힌다.

『안나 카레니나』는 동명 여주인공의 삶과 불륜과 죽음을 다룬다. 그러나 톨스토이의 여러 다른 작품들이 그렇듯이 방대한 내용을 다루고 실질적 주제는 러시아 그 자체다. 러시아 인민, 러시아의 정치와 딜레마, 러시아의 혼이 바로 그것이다. 실제로 톨스토이는 "진실이 내 작품의 주인공이다"라고 쓴 적이 있다. 10년 전 톨스토이는 같은 잡지에 나폴레옹 전쟁 시기 러시아 귀족의 모든 것을 담은 연대기 『전쟁과 평화』(1865~1867)를 연재했다. 이 소설을 쓰기 전 톨스토이는 『세바스토폴 스케치』(1855)에서 크림전쟁에 대해 썼다.

이것들은 톨스토이의 방대한 작품 가운데 일부에 지나지 않는다. 톨스토이는 1828년에 태어나 20대부터 긴 세월 명성을 누렸다. 톨스토이가 손자 일리야와 손녀 소냐에게 오이로 가득한 정원에 관한 이야기를 들려주는 모습을 담은 이 사진은 1910년 사망 직전에 찍은 것이다.

톨스토이는 위대한 문학의 시대를 살았다. 그의 동시대인들로는 러시아 안에서는 이반 투르게네프, 표도르 도스토옙스키, 안톤 체호프가 있었고, 러시아 밖에는 조지 엘리엇, 토머스 하디, 빅토르 위고, 귀스타브 플로베르, 에밀 졸라, 헨리크 입센, 허먼 멜빌, 마크 트웨인, 헨리 제임스가 있었다. 그들은 모두 각자의 방식으로 19세기 중후반을 경험했고 그 경험을 불멸의 문학으로 남겼다.

행복한 가족들은 모두 비슷하지만
불행한 가족들은 제각기 다른 모습으로 불행하다.

레프 톨스토이, 『안나 카레니나』, 1875~1877년

포르피리오 디아스

더 큰 희생을 피하기 위해
적은 피를 흘리는 것은 바람직한 일이다.
포르피리오 디아스의 인터뷰 중에서, 1908년

포르피리오 디아스가 만약 러시아인이었다면, 톨스토이는 어쩌면 그를
소설에 등장시켰을지도 모른다.

1830년 멕시코에서 태어난 디아스는 소년 시절에 사제 교육을 받았지
만, 1840년대에 교회를 등진 뒤 처음에는 법을 공부했고 그다음에는 군에
입대했다. 그는 1857년부터 1860년 사이에 개혁전쟁으로 알려진 멕시코
내전에 참전했고, 1861년부터 1867년까지 프랑스 나폴레옹 3세가 허수아
비 통치자를 내세워 멕시코를 프랑스에 종속된 제국으로 만들자 전쟁에
다시 참가했다.

프랑스군이 멕시코에서 축출되었을 때 디아스는 장군으로 진급했다.
그러나 그는 더 높은 자리에 오를 사람이었다. 1870년대에 디아스는 세바
스티안 레르도 데 테하다 대통령 반대 운동을 이끌었고, 1876년 테코악에
서 치러진 전투에서 승리해 대통령을 망명길로 내몰았다. 이듬해 디아스
는 공식적으로 멕시코 대통령에 취임했다. 디아스가 1876년부터 1880년,
1884년부터 1911년까지 일곱 차례 대통령을 역임한 시기를 '포르피리아
토(Porfiriato)'라고 부른다.

대통령으로서 디아스는 외국인 투자를 위해 멕시코 문호를 개방했고
교회와 국가 간의 평화를 유지했으며 멕시코 경제를 근대화했다. 그러나
그의 행정부는 권위주의적이었고, 만연한 부패와 족벌주의 탓에 소수의
멕시코인들만이 혜택을 누렸다. 1910년 그가 여덟 번째 임기를 준비하자
혁명이 일어났고 디아스는 자신이 사용했던 방법으로 몰락했다.

장기 불황

장기 불황으로 알려진 전 세계적인 경기 침체가 발생했을 때, 포르피리오 시대의 멕시코 경제는 불평등하지만 안정적으로 발전했다는 점에서 더욱 주목할 만했다.

1930년대 세계가 전 지구적인 경제 위기에 압도되기 전까지만 해도, 장기 불황은 '대공황'으로 불리며 최초의 전 세계적 경제 위기로 묘사되었다. 1873년 5월 9일 하루 동안 빈 증권시장에서 대규모 손실이 발생한 것을 출발점으로 1873년 공황으로 알려진 금융 쇼크가 잇달아 촉발되었다.

빈에서 발생한 손실은 곧바로 해외 금융시장으로 확산되어 산업자본과 연결된 국가경제들 간의 상호의존성을 극명하게 입증했다. 시장의 공황은 은행과 철도 회사의 파산을 초래했다. 영국과 미국이 특히 큰 타격을 입었다. 1873년부터 여러 나라에서 지속적으로 물가와 임금은 폭락했고 실업이 증가했다. 1878년부터 1879년 사이에 전 세계적인 회복세가 시작되었지만 1890년대에도 여전히 여러 나라에서 공황의 영향이 체감되었다.

스웨덴 태생으로 영국에서 활동하다가 1875년에 사망한 사진작가 오스카 구스타브 레일랜더가 촬영한 이 사진은 그 시대의 어려움을 잘 요약하고 있다. 원제는 찰스 디킨스의 1854년 소설 제목을 딴 〈어려운 시절〉이었지만, 나중에 〈영적인 사진(A Spiritistical Photo)〉으로 제목을 바꾸었다. 이 사진은 실직한 목수가 아내와 아이를 걱정하는 모습을 보여준다. 레일랜더는 예술적인 사진 기법의 선구자로 종종 한 프레임 안에 여러 장면을 노출해 몽타주했다. 이 사진의 원본에서는 아이가 목수의 발밑에서 기도하는 동안 목수가 아내 머리에 손을 얹고 있는 희미한 이미지를 겹쳐놓았다.

커스터의 마지막 저항

나는 사는 동안 기꺼이, 기쁜 마음으로 매일매일 전투를 지켜보고 싶다.

조지 암스트롱 커스터

장기 불황과 남북전쟁 후 재건의 어려움 때문에 미국에서 1870년대는 힘겨운 시절이었다. 아메리카원주민과 미국 정부 사이에 전쟁이 계속되면서 어려움은 훨씬 더 가중되었다. 특히 1870년대에 수(Sioux)족과 벌인 거듭된 전쟁으로 원주민과의 갈등은 최고조에 이르렀는데, 1874년에 사우스다코타와 와이오밍 경계에 있는 블랙힐스 주변에서 황금이 발견된 뒤 1876년과 1877년 사이 이 지역에서 벌어진 전쟁을 '블랙힐스전쟁'이라고 부른다.

가장 유명한 희생자 가운데 한 사람은 제7기병대 소속 조지 암스트롱 커스터 중령이었다. 여기 수록된 사진에서 그는 남북전쟁 참전 용사로서 복장을 갖추었는데, 전시에 그가 소장으로 특진한 후 전역했다는 사실을 확인할 수 있다. 커스터는 믿기 어려울 만큼 눈부신 인물이었다. 그 낭만적 외모와 위험에 대한 기사도적 태도와 여성에 대한 욕망은 전국적인 유명세를 떨치는 데 일조했다.

블랙힐스의 황금을 발견한 것은 커스터의 원정대였다. 이 호전적인 장교는 백인 광부들에게 길을 열어주기 위해 아메리카원주민들을 몰아내는 군사 원정에서 눈부신 활약을 펼쳤으며, 라코타와 다코타의 수족, 샤이엔족, 아라파호 원주민들을 블랙힐스에서 쫓아내 인디언 보호구역으로 몰아넣었다. 그런 측면에서 보면 그의 원정은 결과로서는 성공이었지만 커스터 자신의 목숨을 대가로 치러야 했다. 1876년 6월 25일 몬태나주 리틀빅혼전투에서 커스터와 그의 부하들은 수족과 샤이엔족의 대규모 군대에 제압되었다. 원주민들을 이끈 것은 시팅불과 크레이지 호스를 비롯한 유명한 추장들이었다. 커스터의 대대는 언덕 위에서 포위되었으며 '커스터의 마지막 항전'으로 알려진 전투에서 모조리 전사했다. 코만치라는 이름을 가진 말 한 필만 살아남아 1891년까지 살다가 노환으로 죽었다.

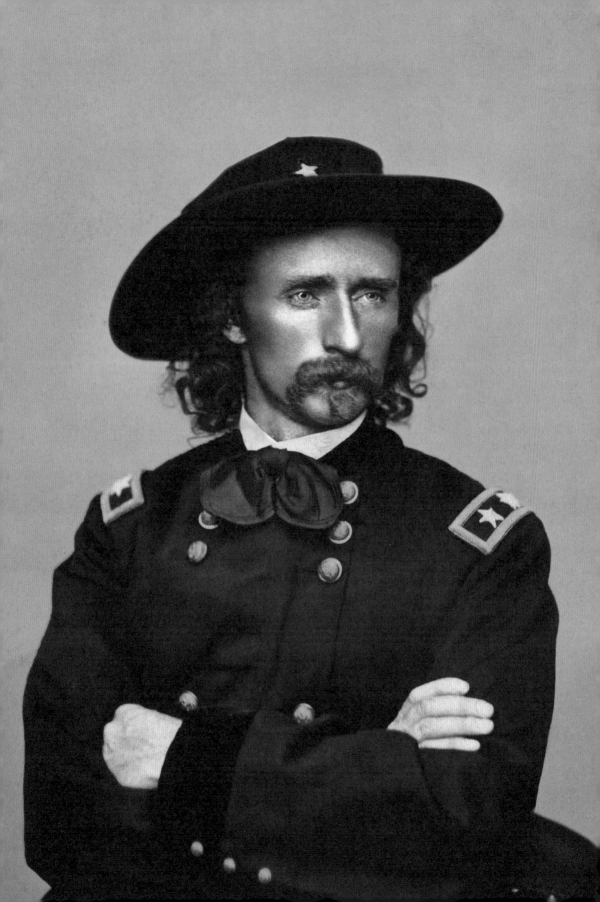

재건 시대

남북전쟁의 불운이 지나간 뒤 미국을 재건하는 일은 그저 시체를 묻고 폭격당한 도시를 재건하고 폐허가 된 풍경을 수습하는 데 그치지 않았다. 분열된 연방을 다시 봉합하기 위해 법적, 정치적, 문화적으로 해야 할 과업이 산적해 있었다.

흔히 재건 시대라고 부르는 시기는 1863년부터 1877년까지, 곧 에이브러햄 링컨 대통령이 평화적으로 신속하게 전쟁을 종결짓기 위해 반란에 가세했던 주들을 연방에 다시 받아들이기 시작한 때부터 연방군이 러더퍼드 B. 헤이스 대통령의 당선을 보장받기 위해 남부 주들에서 철수한 때까지를 일컫는다.

재건 시대 동안 가장 시급했던 문제는 수백만 명이나 되는 해방 노예들을 어떻게 수용할 것인가 하는 것이었다. 그들은 수정헌법 13조(범죄 처벌을 제외한 노예제 폐지)의 통과로 해방되었고, 수정헌법 14조에 따라 동등한 권리를 부여받았으며, 수정헌법 15조로 선거권(남성)을 부여받은 상태였다. 법은 바뀌었지만 전쟁을 경험한 이후 많은 지역에서는 인종과 평등에 대한 태도가 더 강경해졌다. 그리하여 재건은 하나로 화합된 국가를 추구하는 사람들과 미래에 대한 더 급진적이고 논쟁적인 관념에 집착하는 사람들 사이의 투쟁이 되었다.

해방 노예들을 찍은 이 사진은 재건 시대 또는 그 직후에 사우스캐롤라이나 벨튼에서 촬영된 것이다. 이곳은 남북전쟁의 총격이 처음 시작된 주에 속했을 뿐만 아니라 면화 가공을 기반으로 건설된 도시였다.

나는 새장에 갇힌 새가 노래하는 이유를 알고 있다네.
아, 언제 그의 날개에 멍이 들고 그의 가슴이 쓰린지……

폴 로런스 던바, 「동정심」, 1895년

토머스 에디슨

토머스 에디슨만큼 남북전쟁 이후 미국의 기업가 정신을 잘 구현한 인물은 없을 것이다. 출중한 발명가였던 에디슨은 젊은 시절 전신 기계와 통신 기술에 매료되어 끝없는 혁신의 길로 들어섰다.

에디슨은 1847년에 오하이오에서 태어났다. 그는 아주 기초적인 공교육만 받았지만 탐구적이고 진취적인 아이로 성장했다. 10대에 전화교환수로 일하기 시작했고 허가도 없이 장비를 사용하고 실험을 하다가 문제를 일으키곤 했다.

하지만 그의 실험은 곧 창조로 이어졌다. 에디슨은 생전에 1000개가 넘는 특허를 출원했다. 그는 최초의 전구, 최초의 영화 카메라(키네토스코프), 알칼리전지, 축음기를 발명한 공적을 인정받았다. 여기 수록된 사진은 1878년에 매슈 브래디가 촬영한 것으로 사진 속 축음기는 에디슨의 발명품 가운데 하나다.

에디슨은 장거리 전화 시스템을 설계하는 과정에서 축음기를 발전시켰다. 그의 축음기는 실린더에 소리를 기록하고 다시 재생할 수 있었다. 이 기계는 미국은 물론이고 전 세계 사람들의 상상력을 사로잡았고, 에디슨은 명성을 얻어 투자도 받을 수 있게 되었다. 여기에서 얻은 자신감에 힘입어 에디슨은 이후 수많은 호기심을 좇을 수 있었다. 에디슨의 관심 범위는 철광석의 산업적 처리법부터 엑스레이 기술, 영화 사업에 이르기까지 매우 넓었다. 1931년 세상을 떠날 때까지도 여전히 왕성했던 탐구 정신 덕분에 에디슨은 미국을 대표하는 발명의 거장으로 기억된다.

천재는 1퍼센트의 영감과 99퍼센트의 노력으로 이루어진다.

토머스 에디슨

스탠리와 '칼룰루'

에디슨이 당대의 가장 위대한 기술 정신을 표상하는 인물이었다면 헨리 모턴 스탠리는 가장 모험적이고 별난 인물 가운데 하나였다. 1841년 웨일스에서 가난한 사생아로 태어난 스탠리는 바다 건너 미국에 당도했고 남북전쟁 동안 처음에는 남부연합을 위해 싸우다가 나중에는 연방을 위해 싸웠다.

전쟁이 끝나갈 무렵 해군에서 탈영한 스탠리는 언론인으로 일을 시작했으며 몇 년 만에 비로소 이름을 알리게 될 기삿거리를 얻었다. 《뉴욕 헤럴드》의 제임스 고든 베넷이 스탠리에게 아프리카로 가서 실종된 신교사이자 탐험가인 데이비드 리빙스턴 박사의 행방을 찾아보라는 임무를 맡겼던 것이다.

스탠리는 온갖 역경을 딛고 1871년 탕가니카호 근처에서 리빙스턴을 찾았다. 전하는 바에 따르면 그는 "리빙스턴 박사님이 맞으시죠"라는 인사말을 건넸다고 한다. 이 사진은 스탠리가 영국으로 돌아와 자신의 성공을 알린 직후 촬영한 것으로 처음에는 의심받고 조롱당했다. 런던의 스테레오스코픽사는 스탠리와 은두구 음할리라는 소년을 함께 촬영했다. 스탠리는 아이에게 '칼룰루'라는 이름을 지어주고 하인으로 삼아 몇 년 동안 데리고 다녔다.

스탠리는 수년간 여러 번 아프리카를 다시 찾았다. 1877년에는 탐험 도중 칼룰루가 콩고강 폭포에 빠져 익사했고 그 뒤로 스탠리는 이 폭포를 '칼룰루 폭포'라 불렀다. 1880년대에 스탠리는 기자 일을 그만두고 벨기에 레오폴드 2세를 위해 일했고 그 대가로 적도아프리카 콩고분지의 방대한 토지를 하사받았다. 이렇게 스탠리는 '아프리카 분할'의 초기 역사에서 중요한 위치를 차지하게 되었다.

케취와요 왕

콩고에서 남쪽으로 멀리 떨어진 줄루왕국의 케취와요 캄판데 왕은 심각한 위협에 직면한 자신의 생명과 왕국을 지키기 위해 싸우고 있었다. 위협은 영국으로부터 왔다. 영국은 줄루왕국과 국경을 맞대고 있는 케이프 식민지와 트란스발의 보어 지방을 비롯해 자신들이 식민지로 다스렸던 남아프리카 지역들을 강제로 합병하려 했다.

케이프 식민지에서 가장 손꼽히는 주전론자는 식민지 행정관 헨리 바틀 프레어 경이었다. 그는 줄루왕국을 파괴하는 것이 영국의 안전을 위한 전제 조건이라고 믿었다. 1879년 1월에 그는 고의적으로 전쟁 구실을 만들어 영국군 수천 명을 줄루 영토로 보냈다.

케취와요의 병사들은 영국에 맞서 맹렬히 저항했고 1월 22일 이산들와나전투에서 중무장한 영국군을 물리쳤으며 이어서 로크스 드리프트 기지의 소규모 영국 수비대를 공격했다. 그들은 11시간에 걸친 영국군의 저항에 밀려 물러났지만 이는 곧 전설이 되었다.

케취와요의 이 사진은 1870년대 중반 촬영되었는데, 애석하게도 이때가 그의 절정기였다. 1879년 7월이면 영국군 증원군이 당도해 줄루왕국의 수도 울룬디를 불태워버리게 된다. 케취와요는 포로로 잡혀 케이프타운으로 추방되었고 그의 왕국은 정적들과 영국인들이 분할해 차지했다.

1882년 케취와요는 왕위 복귀를 협상하기 위해 영국으로 갔지만 너무 많은 피해를 입은 뒤였다. 이듬해 줄루왕국으로 돌아간 케취와요는 내전으로 분열된 왕국을 목격했다. 그는 한 번 더 도주할 수밖에 없었고 1884년에 사망했다. 줄루인들은 왕의 죽음을 독살이라고 믿었다.

미케네

하인리히 슐리만은 당대 전쟁이 아니라 고대 전쟁에 관심을 가졌다. 열정과 야심이 넘치는 이 독일 고고학자는 1870년대 초 현재의 튀르키예 북부에 위치한 히사를리크에서 발굴 작업에 많은 시간을 썼다. 그는 그곳에서 호메로스 시절까지 거슬러 올라가는 트로이 유적을 발견했다고 믿었다.

1870년대 중반에 슐리만은 프리아모스의 보물로 알려진 고대 황금 유물을 히사를리크에서 몰래 반출한 뒤에 오스만제국과 법적 분쟁에 휘말렸다. 그래서 1874년에서 1876년 사이에는 여기 사진이 수록된 그리스 미케네로 관심을 돌렸다. 그가 찾으려 한 것은 역시 호메로스 시절의 보물이었다. 그는 『일리아스』에 그 업적과 연애사가 기록된 아가멤논 왕과 부인 클리타임네스트라의 묘를 찾고 있었다.

슐리만은 청동기시대 요새는 물론, 망치로 두드려 세공한 정교한 황금 마스크를 비롯한 눈부신 보물들이 부장된 왕의 무덤을 발견했다. 슐리만은 아가멤논의 무덤이라고 확신했지만 실제로 그가 발견한 보물은 (학자들이 트로이전쟁 시기라고 여기는) 기원전 12~11세기보다 수백 년 앞선 것으로 보인다.

1878년에 슐리만은 히사를리크 발굴 작업에 복귀했고 1890년 사망하기 전에는 펠로폰네소스의 티린스에서 발굴 작업을 펼쳤다. 그의 방법은 때때로 파괴적이고 기만적이었으며 거의 늘 자기과시적이라 비난받기 일쑤였지만 자신을 대중화하는 능력 덕분에 세계적인 명성을 얻었다. 그는 할리우드가 좋아하는 고고학자 겸 탐험가의 선조로서 훗날 영화 〈인디아나 존스〉로 재탄생한다.

나는 아가멤논의 얼굴을 응시했다.

하인리히 슐리만, 1876년

아프간전쟁

중앙아시아에서 영국이 이끄는 군대는 상당히 다른 지형에서 전쟁을 수행해야 했다. 아프가니스탄은 영국 치하의 인도와 국경을 맞대고 있었고 러시아제국에 국경이자 완충지대를 제공했다. 이 지역의 패권을 둘러싼 영국과 러시아의 다툼은 '그레이트 게임'으로 알려졌다.

1839년에서 1842년 사이 영국군과 인도군은 아프가니스탄의 수도 카불에서 정권 교체를 시도했다가 수천 명을 희생시켰다. 1878년부터 1880년까지 제2차 아프간전쟁이 벌어졌고 이 사진은 전쟁 기간에 존 버크가 촬영한 것이다. 아일랜드 태생 사진가였던 존 버크는 영국·인도군이 또다시 아프가니스탄 통치자를 교체하려고 카불로 진격할 때 동행했다.

버크는 전쟁이 시작되자 카이바르고개 입구에 위치한 잠루드 요새 밖에서 이 사진을 촬영했다. 아프가니스탄 족장들에 둘러싸인 영국군 장교 터커 대위가 사진 중앙에 앉아 있다.

1879년 초 영국군이 카불에 접근하자 왕 셰르 알리 칸은 러시아의 보호를 받기 위해 북쪽으로 도주했다. 5월에 영국은 그의 후계자에게서 불평등한 간다마크 조약을 얻어냈고 그 덕분에 영국 사절단이 카불에 머물 수 있게 되었다. 그러나 3개월 뒤에 반란을 일으킨 아프가니스탄군에게 영국 공사가 살해되었고 그에 따라 프레드릭 로버츠 장군이 이끄는 영국군이 카불을 점령했다. 1880년 9월에 셰르 알리 칸의 아들이 이끄는 반란이 진압되었고 새로운 왕 압두르 라만 칸이 아프가니스탄의 외교정책을 영국이 관장하도록 수용하면서 짧지만 피비린내 나는 전쟁은 종결되었다.

금속 솥단지 두 개 사이에 놓인 흙 냄비.

인도 총독 로버트 불워리턴의 아프가니스탄 묘사, 1878년

교황 노노

그리스에서 고고학자들이 전설적인 역사 인물을 발굴하고 있을 때, 로마의 신자들은 한 인물이 영면에 들어가는 모습을 지켜보았다. 로마에서는 비오 9세보다 비오 노노로 더 잘 알려진 조반니 마리아 마스타이 페레티는 성 베드로에 이어 역대 최장 임기를 수행한 교황이었다. 그는 정치적 선동가였고 근대보다는 중세 전통에 서 있는 교황이었다. 그는 지신을 가리켜 주세페 가리발디 같은 이탈리아 민족주의자의 희생자라고 표현했다(대체로 타당한 주장이었다). 그의 재위 기간 동안 가리발디가 교황령 국가를 정복하려고 애썼기 때문이다.

교황 임기 31년 동안 비오가 취했던(보통은 보수적이고 가끔은 논란이 되기도 했던) 여러 입장 가운데 가장 잘 알려진 것은 무염시태(無染始胎, 마리아가 잉태했을 때 전혀 원죄가 없었음을 확인하는 로마가톨릭의 교리)와 교황 무류성(敎皇無謬性, 1869년부터 1870년 사이 제1차 바티칸 공의회에서 규정된 것으로 도덕성과 신앙의 문제에서 교황의 가르침은 정의상 틀릴 수 없다는 주장) 선언이다. 그는 기차에 열광했으며 혁명가들에게 유화적인 자세를 취했다. 또 불관용적인 반근대주의자였으며 로마의 유대인 게토 재구축을 비롯한 반자유주의적인 조치들을 취한 반동적 인물이기도 했다.

비오는 살았을 때와 죽었을 때 모두 사진에 찍힌 최초의 교황이었다. 이 사진은 1878년 2월 7일에 85세를 일기로 임종에 든 비오 9세를 보여준다. 시복식을 앞두고 2000년 4월 4일 하얀 돌로 된 무덤이 열렸을 때 그의 시신은 거의 완벽한 상태로 보존되어 있었고 입가에는 미소가 감돌았다.

제게 묵주기도를 드리는 군대를 주시면 세상을 정복하겠습니다.

교황 비오 9세

경이의 시대

내 민족이 원하는 것은 자유로운 삶이다.
내가 본 바로는 백인이 지닌 것들, 이를테면 집이나 철도나 옷이나 먹을 것 중에
자유롭게 펼쳐진 땅에 대한 권리를 지닌 채 우리 방식대로 살아가는 삶보다
더 나은 것을 보지 못했다.

시팅불의 인터뷰, 1882년

1885

년 여름, 아메리카원주민 헝크파파의 추장 시팅불은 서커스단과 함께 미국과 캐나다를 순회했다. 〈버펄로 빌의 와일드 웨스트〉 공연에서 동물 묘기, 로데오, 무모한 사격술 묘기, 전투 재연 등이 펼쳐졌다. 알려진 바로는 이 모든 것이 기획자인 윌리엄 프레드릭 코디, 일명 '버펄로 빌'의 자극적인 경험에 기초를 두고 있었다. 그는 변경의 개척자로서 국경지대 사람들의 왕이라는 공적 이미지를 열렬히 수행한 사람이다.

코디가 54세나 된 시팅불을 공연에 기용한 것은 파격적인 일이었다. 헝크파파는 라코타 혹은 서부 수족이었고 시팅불은 1876년 리틀빅혼전투에서 조지 커스터 중령과 부하들에게 굴욕을 안기고 살해한 최고 전사였다. 부족민들 사이에서 추장 시팅불은 용기와 지혜의 표본이라는 평판을 얻었다. 위대한 백인 대중에게 고귀한 야만인의 체현이었던 그는 불가해하고 이국적이며 위험한 존재였다.

머리에 독수리 깃털을 꽂은 시팅불의 이 사진은 1885년 바로 그해 촬영한 것이다. 카메라 뒤에서 셔터를 누른 사람은 다코타에서 활동하던 사진가 데이비드 프랜시스 배리였으며 코디와는 친한 사이였다. 그는 미국 서부를 즐겨 촬영했는데 그가 촬영한 대상으로는 레드 클라우드, 아메리칸 호스, 갈 같은 아메리카원주민은 물론이고 코디의 또 다른 관객몰이 일등 공신인 1급 사격수 애니 오클리가 포함되어 있었다. 시팅불의 부족에게 배리는 '리틀 섀도 캐처(Little Shadow Catcher, 작은 그림자 사냥꾼)'로 알려져 있었다. 이런 별명이 붙은 것은 그의 작은 키(165센티미터) 때문이기도 했고 조그만 사진 속에 생생한 초상을 담아내는 기술 때문이기도 했다.

시팅불은 한 시즌만 코디와 함께 일했고 1886년에 그의 부족이 갇혀 있던 다코타 준주의 스탠딩 락 보호구역으로 돌아갔다. 그리고 몇 년 동안 그랜드리버 북쪽 오두막촌에서 농사꾼으로 살았다. 그러다가 1890년 '유령의 춤(Ghost Dance)' 운동에 사로잡힌 북쪽 평원 보호구역에서 봉기가 발생했을 때 다시 문제가 불거졌다. 유령의 춤 운동은 워보카(일명 잭 윌슨)라는 신들린 주술사에게서 시작된 구원 신앙 광풍이었다. 그는 기독교 천년 왕국설과 토착 원주민의 제례를 혼합해 추종자들에게 유령 셔츠라고 일컫는 옷을 입고 유령 춤을 추면 기적처럼 백인들이 지상에서 사라질 것이라고 말했다

보호구역의 식량 배급을 둘러싼 분쟁을 배경으로 시작된 이 무자비한 공상은 절망에서 비롯되어 거짓 희망으로 부풀려진 것이었으나 아메리카 원주민 부족 여럿이 이에 기꺼이 귀를 기울였다. 헝크파파도 그랬다. 시팅불은 그들에게 유령처럼 뒤틀린 자세를 취하라고 촉구했다. 새로운 전쟁 근거가 마련되었다고 생각한 미국 정부는 먼저 공격하기로 결정하고 원주민 경찰을 보호구역에 파견했다. 12월 15일에 그들은 오두막에 있던 시팅불을 체포했다. 총격전이 일어났고 시팅불은 총에 맞아 사망했다.

2주 뒤인 1890년 12월 29일 사우스다코타 운디드니 크리크에서 아메리카원주민 전쟁 중 가장 악명 높은 학살이 발생했다. 헝크파파와 미니콘주 라코타의 성인과 어린이 150여 명이 제7기병대에게 살육되었다. 아메리카원주민과 정착민 사이의 갈등은 1920년대까지 지속되었고, 평원 원주민들의 오랜 생활 방식을 지탱해주던 아메리카들소는 거의 멸종으로 내몰렸다. 저항은 점점 더 약해졌고 소용없는 일이 되었다.

탐욕, 복수, 문화 말살로 점철된 전쟁의 음울한 대단원은 결코 1880년대 미국에서만 있었던 일은 아니다. 1880년대 아프리카에서는 새로운 단계의 무자비한 식민주의가 목격되었다. 유럽 강대국들은 '아프리카 분할'을 통해 아프리카 대륙을 나누어 차지했다. 최악의 만행은 벨기에 왕 레오폴드 2세의 개인 식민지였던 콩고자유국에서 자행되었다. 상상할 수도 없이 잔인하고 비인간적인 장면이 펼쳐졌다. 작가 아서 코넌 도일은 콩고에서 자행된 벨기에의 만행을 두고 '인류가 아는 범죄 가운데 최악의 범죄'라고 훗날 말했다.

뉴스가 실시간으로 전 세계로 송출되지 않던 시대였기에 미국과 유럽 시민들은 아직 이러한 공포를 깨닫지 못하고 있었다. 그들에게 1880년대는 경이로운 건축의 시대였고, 뉴욕의 자유의 여신상이나 파리의 에펠탑, 새로운 유형의 고층 건물인 '마천루'의 시대였다. 또한 1880년대는 천문학자들이 천체의 운행에 관한 새로운 통찰을 얻은 시대이며 국제적인 스포츠 경쟁이 시작된 시대였다.

또 어떤 인간들은 다른 인간들에게 더할 수 없이 끔찍한 일을 저지를 수 있는 반면, 다른 어떤 인간들은 이루 헤아릴 수 없이 관대하며 악이 아닌 선을 위해 싸울 준비가 되어 있음을 미국 적십자사를 설립한 클라라 바턴 같은 인물들이 보여주었다.

1881

3월 러시아 차르 알렉산드르 2세가 폭탄으로 암살되고 알렉산드르 3세가 즉위했다.

5월 첫 번째 전차 사업이 개시되어 베를린 근교의 전차역과 프로이센 군사학교를 연결했다.

5월 클라라 바턴과 지인들이 미국 적십자사를 설립했다.

1883

3월 카를 마르크스가 사망했다.

8월 네덜란드 동인도회사의 크라카타우 화산섬이 분출해 최소 4만 명이 사망했다.

1880

6월 오스트레일리아에서 은행 강도 네드 켈리가 경찰에 체포되어 11월 교수형이 집행되었다.

12월 남아프리카에서 제1차 보어전쟁이 발발했다.

1882

1월 존 록펠러가 여러 관련 사업을 통제하기 위해 비밀리에 스탠더드 오일 트러스트를 설립했다.

5월 독일, 오스트리아·헝가리제국, 이탈리아가 3국동맹을 결성했다.

6월 주세페 가리발디가 사망했다.

8월 바그너의 오페라 〈파르시팔〉은 베이루트에서, 차이콥스키의 〈1812년 서곡〉은 모스크바에서 각각 초연되었다.

1884

10월 국제 자오선 회의에서 그리니치의 표준시간을 전 세계 경도의 원점으로 지정했다.

11월 '아프리카 분할'로 알려진 유럽 식민지 건설 사업을 규제할 목적으로 비스마르크의 감독 아래 베를린회의가 개최되었다.

12월 마크 트웨인의 『허클베리 핀의 모험』이 출간되었다.

1885

2월 벨기에 국왕 레오폴드 2세가 콩고자유국을 만들었다.

6월 마흐디로 더 잘 알려진 무함마드 아흐마드 빈아브드 알라가 수단전쟁에서 이집트 와 영국군에 대항해 싸우다 티 푸스로 사망했다.

1887

6월 빅토리아 여왕과 대영 제국 국민들이 여왕의 재위 60주년을 기념했다.

9월 황하 홍수로 중국에서 수십만 명이 사망했다.

1889

1월 오스트리아 황태자 루 돌프가 자살했다.

5월 프랑스 혁명 100주년 을 기념해 파리 세계박람회 가 개최되었다. 박람회의 가 장 기념비적인 작품은 새로 건설된 에펠탑이었다.

5월 존스타운 홍수로 펜실 베이니아 전역이 파괴되었다.

1886

1월 카를 벤츠가 4기통 엔 진을 장착한 자동차 모토르바 겐의 특허를 출원했다.

5월 미국에서 코카콜라가 처음 판매되었다.

10월 뉴욕항에서 자유의 여 신상의 공식 제막식이 열렸다.

1888

3월 거대한 눈보라가 미국 동부 해안을 강타했다.

6월 빌헬름 2세가 할아버지 빌헬름 1세와 아버지 프리드 리히 3세에 이어 독일 황제에 즉위했다.

8월 영국의 연쇄살인범 잭 더 리퍼의 첫 희생자 메리 앤 니콜스의 시신이 런던에서 발 견되었다.

전차

궤도차(tram)의 역사는 전력이 사용되기 훨씬 전부터 시작되었다. 1807년 사우스웨일스에서 최초의 여객용 궤도차가 운행을 시작한 이후 노새, 말, 케이블 도르래, 증기기관이 끄는 궤도차가 도시 주변을 돌았고, 19세기 말이면 세계 곳곳의 도시에서 궤도차를 볼 수 있었다. 궤도차는 널리 보급되어 인기를 누린 대량 운송 수단이었다.

1880년대부터는 전차(electric tram)가 20세기에 접어들어 자동차와 버스에 밀려나기 전까지 단연 돋보였다. 이 사진에 등장하는 전차는 1881년 5월 16일 베를린 부근 리히터펠데에서 운행을 시작한 세계 최초 전차로 이 지역의 기차역과 2.5킬로미터 떨어진 곳에 신축된 프로이센 군사학교, 즉 독일 육군사관학교를 연결했다. 한 번에 20명을 실어 나를 수 있었던 이 전차는 처음에 선로를 흐르는 직류전기에서 전력을 공급받았고 나중에는 위쪽의 전선에서 전력을 끌어왔다. 전차를 제작한 것은 베르너 폰 지멘스로 그의 회사는 한 해 전에 세계 최초 전기 엘리베이터를 만들기도 했다.

전력은 엘리베이터와 전차 운용은 물론이고 자석, 전구, 전화기, 심지어 배를 만드는 데도 사용되었다. 1881년 가을에 파리에서 개최된 국제전기박람회에는 여러 새로운 발명품이 전시되었다. 과학 논문들도 박람회에서 발표되었는데 오늘날 상식이 된 측정 단위들(암페어, 볼트, 옴)을 포함해 전기를 측정하고 사용하는 데 필요한 기술 요소들이 규정되었다. 일상의 물품이 전선으로 연결되고 충전되는 미래가 급속히 실현되고 있었다.

자유의 여신상

지치고 가난한 자들을,
자유롭게 숨쉬길 갈망하는
군중들을 내게 보내다오…….
에마 래저러스의 시 「새로운 거상」, 1883년

"세상을 밝히는 것은 전기가 아니라 자유다." 이는 1886년 10월 28일 뉴욕항에서 거행된 거대한 새 랜드마크의 제막식에서 미국 대통령 그로버 클리블랜드가 한 말이다. 1865년에 처음 구상된 자유의 여신상(정식 명칭은 '세상을 밝히는 자유')은 바닥부터 맨 꼭대기 횃불 끄트머리까지 높이가 93미터에 이르며 프랑스 시민과 미국 시민의 합동 작업 결과물이었다.

높이 치솟은 로마 여신 리베르타스의 조각상은 프랑스에서 조각조각 나뉘어 제작되었다. 1881년 파리의 가제 고티에사 작업장에서 촬영된 이 사진에는 조각상 왼손을 제작 중인 예술가들의 모습이 담겨 있다. 왼손에는 미국 독립선언 날짜(1776년 7월 4일)가 적힌 판이 들려 있다. 엄지손가락을 작업하는 예술가는 프레데릭 오귀스트 바르톨디인데 그는 이보다 앞서 새로 건설된 수에즈운하 입구의 거대한 여인상을 디자인한 적이 있다(제작은 되지 않았다).

자유의 여신상을 구상하고 완성해서 배달하기까지 오랜 시간이 걸린 데는 작업의 어마어마한 규모도 어느 정도 원인이 되었지만 1870년대 장기 불황도 영향을 끼쳤다. 받침대를 제작할 자금은 미국의 기부자들이 마련했다. 기부자들의 선한 의지를 자극한 것은 신문 발행인 조셉 퓰리처와 이제는 유명해진 에마 래저러스의 시 「새로운 거상」이었다.

처음 자유의 여신상은 구리로 만든 외관이 햇빛을 받았지만, 수십 년 만에 금속이 산화되어 이제는 친숙해진 녹색을 띠게 되었다.

존 D. 록펠러

돈은 공정하고 정직하게 벌어야 하며 가질 수 있을 만큼만 가지고
가능하다면 모두 나누어주는 것이 종교적 의무라고 나는 믿습니다.

존 D. 록펠러의 연설, 1899년경

19세기에 세상을 바꾼 교통과 기술의 진보는 새로운 형태의 에너지에 달려 있었다. 석유만큼 중요한 것은 없었다. 석유 사업과 관련 산업, 특히 철도 산업을 지배하는 사람들에게 막대한 부가 돌아갔다. 존 D. 록펠러는 그렇게 현대사에서 가장 부유한 사람이 되었다.

록펠러의 스탠더드 오일사는 1870년에 오하이오에서 법인으로 설립되었지만 1880년대에는 미국 전역에 걸쳐 회사를 수십 개 거느린 기업 복합체가 되었고 소수 주주 집단이 지배권을 행사했다. 석유와 교통 산업을 잘 이해하면서, 기민하고 비밀스러운 기업 관행을 선호하던 록펠러의 야심 덕분에 그 회사는 정유와 석유 배급을 독점할 수 있었다.

1881년 《애틀랜틱 먼슬리》에 수록된 장문 기사는 구체적으로는 철도 산업의 부패를, 전반적으로는 미국 산업계의 부패를 다음과 같이 비난했다. "아무도 모른다. 록펠러의 재산이 얼마인지…… 스탠더드 오일사의 정체가 정확히 무엇인지, 그 자본이 정확히 얼마인지, 그리고 철도와 어떤 관계인지 아무도 알지 못한다." 1911년에 스탠더드 오일사는 독점금지법을 위반한 사실이 드러나 해체되었지만 2년 뒤 확인된 록펠러의 개인 재산은 9억 달러에 달했다. 이는 역사적으로 고대 리디아의 크로이소스왕이나 야코프 푸거에 견줄 만한 것이었고, 록펠러는 그 때문에 많은 미움을 받았다. 그러나 그는 많은 돈을 내놓고 생체의학 연구, 공중보건, 교육을 포함한 자선사업에 많은 자금을 지원했다.

에펠탑

나는 에펠탑을 질투하지 않을 수 없다.
나보다 그 탑이 더 유명하다.
사람들은 그 탑이 내 유일한 작품인 줄 안다.

귀스타브 에펠

1880년대 프랑스인들이 다른 나라 랜드마크만 건축했던 것은 아니다. 이 시기는 파리를 굽어보는 에펠탑이 층층이 올라간 때이기도 했다. 에펠탑은 자유의 여신상을 주도했던 공학자 귀스타브 에펠의 토템적 창조물이었다. 에펠에게 기념비적인 국제적 프로젝트들은 결코 낯설지 않았다. 그는 이미 칠레의 한 도시를 위해 조립식 철골 교회를 지은 적이 있었고, 헝가리의 기차역과 포르투갈의 고가교를 건설했으며, 1886년에는 1889년 파리에서 대규모로 열릴 예정이던 파리 세계박람회의 핵심 전시물을 제작할 권리를 얻었다.

1887년 초여름에 파리 7구 샹드마르스 현장에서 에펠탑 건설 작업이 시작되었다. 여기 수록된 사진들은 1888년 7월 14일부터 1889년 3월 12일 사이에 촬영된 것으로 300미터가 넘어 세계에서 가장 높은 건축물이던 그 탑의 건설 속도를 보여준다. 이제는 녹슨 갈색이 친숙하지만 처음에는 빨간색을 칠해 기이해 보였고 모든 이의 취향에 맞지는 않았다. 사실 기 드 모파상을 비롯한 프랑스 작가들은 연명으로 탄원서를 제출하고 에펠탑을 '유령의 꿈', '볼트로 조인 혐오스러운 금속 기둥'이라며 신랄하게 비판했다.

결국 그들의 항의는 무위로 돌아갔다. 에펠탑은 임대 기간 20년을 넘기고도 살아남았으며 맨해튼의 자유의 여신상이 그랬듯이 파리의 스카이라인 일부가 되었다.

4 Juin 1888   10 Juillet 1888   14 Octobre 1888   14 Novembre 1888   12 Février 1889   12 Mars 1889

파리 세계박람회

공식 안내 책자에 따르면, 그 시대 인류의 모든 경이로운 것들이 1889년 5월 6일부터 10월 31일까지 파리에 집결했다. 하늘을 찌르는 에펠탑 아래 샹드마르스에는 남아메리카부터 극동에 이르기까지 곳곳에서 모인 6만 개가 넘는 출품 업체가 집결했다. 그리고 유리와 금속으로 주문 제작되어 '기계관'으로 알려진 8헥타르 규모의 전시장에 예술, 공예, 음악, 가구, 직물, 금속공예, 음식, 와인, 기술, 역사 재현, 산업 성과 등이 전시되었다.

1889년에 촬영된 이 사진은 파리 세계박람회의 가장 유명한 참가자들을 보여준다. 그들은 자바 전통의상을 차려입은 무용수들이었다. 자바는 당시 네덜란드 동인도회사에 속해 있었다. 자신들의 전통 촌락인 캄퐁을 모방해 꾸민 전시 공간에서 자바의 무용수들은 모자 만드는 기술과 농사법을 뽐냈으며 종교의식을 치르기도 했다. 그들의 공연 가운데 가장 눈부신 것은 가믈란 음악이었다. 그들은 징, 케틀드럼, 심벌즈, 실로폰 형태 악기들을 연주했다. 그 연주를 지켜본 젊은 프랑스 작곡가 클로드 드뷔시는 가믈란 작곡법의 요소들을 자신의 작품에 도입하기도 했다.

세계박람회는 바스티유 습격을 재연하기도 하면서 1789년 프랑스혁명 100주년을 기념했다. 공화주의의 꿈을 기념하기에 완벽한 시기였다. 박람회는 놀라운 참여율을 보였으며 큰 수익을 남겼다. 프랑스의 정치는 여전히 혼란스러운 상태였지만 최소한 수도 파리는 앞선 시기의 프로이센·프랑스전쟁과 파리코뮌의 상흔에서 물리적으로 회복했음을 증명했다.

최초 마천루

건축물은 가능한 한 가벼워야 하고
그에 못지않게 안정성과 일관성을 유지해야 한다.
이는 필수조건이다.

윌리엄 르 배런 제니, 1891년

존 D. 록펠러의 가장 눈에 띄는 유산 가운데 하나가 1880년대에 변신 중이던 도시 시카고의 어느 신생 대학교에 기부되었다. 이 사진은 라샐 & 애덤스 스트리트 모퉁이에 건축된 홈 인슈어런스 빌딩을 보여준다. 이 건물은 1885년에 완공된 후 10층 건물로 증축되었다. 이 사진은 20세기 초에 2개 층을 더 올린 뒤에 촬영된 것이다.

이 빌딩을 지은 건축가는 윌리엄 르 배런 제니인데, 그는 1850년대에 파리에서 귀스타브 에펠과 함께 건축을 공부했다. 제니는 1871년 시카고 화재 때문에 기회를 얻을 수 있었다. 도시전설에 따르면, 시카고 데코벤 스트리트 외양간에서 소 한 마리가 등유 램프를 걷어차는 바람에 시작된 불길이 9제곱킬로미터에 이르는 도심을 불태우고 사망자 300명과 이재민 10만 명을 낳았다고 한다.

제니는 철골구조로 건물 높이를 높일 수 있다는 사실을 깨달았고 그 공로로 '마천루의 아버지'라는 별명을 얻었다. 건축사 연구자들은 홈 인슈어런스 빌딩이 정말 세계 최초 마천루였는지를 두고 여전히 논쟁을 벌이지만 이후 지어진 고층 건물들이 제니의 통찰력에 영향을 받았으며 그 덕분에 세계 각지의 도시 스카이라인이 영원히 변화되었다는 것만은 분명하다.

곧 더 높은 다른 건물들이 제니의 12층짜리 실험을 추월해버렸다(적어도 여기 수록된 사진에 보이는 인근 건물들이 그렇다). 1931년에 홈 인슈어런스 빌딩이 철거되고 그 자리에 163미터 높이의 45층짜리 필드 빌딩이 들어섰다.

벨기에 국왕 레오폴드 2세

콩고에서 자행된 모든 범죄는 당신의 이름으로 저질러졌다.
따라서 당신은 잘못된 정치에 대한 공분에 답해야 한다.
조지 워싱턴 윌리엄스가 레오폴드 2세에게 보낸 공개 서한, 1890년 7월 18일

1865년부터 1909년까지 벨기에 국왕이었던 레오폴드 2세는 높은 건물보다는 멀리 떨어진 곳에 관심이 있었다. 1880년대에 그는 사하라 이남 아프리카를 탐험하고 '문명화'하고 합병하려는 노력을 후원했다. 그는 콩고 분지에 콩고자유국 또는 벨기에령 콩고로 알려진 대규모 식민지를 건설하고 권리를 주장했다. 그는 자신의 이익을 위해 천연자원들을 약탈하는 일에 현지인들을 동원했다.

1880년에 레오폴드는 탐험가 헨리 모턴 스탠리를 대리인으로 고용해 콩고강 유역에 파견했다. 이 사진은 치체스터에서 활동하던 러셀 & 선스 사의 사진가가 촬영한 것이다. 스탠리는 교역소를 설치하고 원주민 족장들과 조약을 체결해 그곳을 벨기에 국왕의 영지로 만드는 임무를 맡았다. 처음에 레오폴드의 수하들은 상아를 약탈했지만 1890년대에 접어들어서는 고무 약탈을 시작했다. 자동차 타이어와 전선 때문에 고무 수요가 급증했기 때문이다. 레오폴드의 사병 부대인 포스 퓌블리크(Force Publique)는 납치, 협박, 채찍질, 고문, 절단, 살인까지 불사하며 콩고인들에게 노동을 강요해서 왕이 요구한 고무 할당량을 채웠다. 수백만 콩고인이 사망했고 굶주림과 질병이 만연했다.

식민지에 대한 무자비한 학정은 벨기에만의 문제는 아니었다. 레오폴드의 콩고 장악은 '아프리카 분할'의 일부였고 아프리카 대륙은 1870년대부터 1880년대까지 영국, 프랑스, 포르투갈, 독일 등 유럽 여러 제국주의 세력의 지배 아래 놓이게 되었다. 아프리카 약탈의 광풍은 1884년 베를린에서 개최된 강대국들의 회의에서 합법성의 외피를 둘러썼다. 1902년까지 아프리카 영토의 90퍼센트가 유럽의 지배 아래 놓이게 되었다.

잔지바르의 술탄

바르가시 빈 사이드(사진 가운데 각료들에 둘러싸인 인물)는 동아프리카 잔지바르의 2대 술탄으로 1870년부터 1888년 3월 26일 사망할 때까지 통치했다. 그 시절 다른 많은 통치자가 그랬던 것처럼 사이드는 '아프리카 분할'로 대륙을 나눠 가지려 혈안이 된 유럽 강대국들에 맞서 자신의 영토를 지켜야 하는 막중한 임무에 직면했다.

아프리카의 뿔 바로 아래 인도양 서부 군도의 중심에 위치한 잔지바르는 유리한 지리적 위치 덕분에 역사적으로 수익성 좋은 무역 거점이 되었다. 황금, 향신료, 커피를 운반하는 상인들에게는 물론이고 아라비아의 노예 상인들에게도 유용한 곳이었다.

1870년대까지 영국은 동인도회사와 영국령 인도의 상인들 덕분에 잔지바르에 지속적인 영향력을 행사하고 있었다. 1876년에 영국이 바르가시에게 압력을 넣어 노예무역을 폐지시켰을 때 그들의 소프트파워가 증명되었다. 그러나 1880년대에 영국은 잔지바르에 대한 이해관계를 유지하는 데 실패했다. 잔지바르와 마주한 아프리카 본토의 탕가니카를 독일이 점령해버렸기 때문이다. 식민지 열강들은 '보호'를 제공하는 데 합의했다는 미명 아래 동아프리카에서 잔지바르의 소유지들을 야금야금 잠식했고 조각조각 나누어 가졌다.

1890년 바르가시가 사망하고 2년이 지난 뒤에 잔지바르는 영토가 거의 없는 채로 영국의 보호령으로 선포되었고 1963년에는 독립국으로서 영국연방에 가입했다. 이듬해 잔지바르는 탕가니카와 통합해 오늘날의 탄자니아가 되었다.

빌헬름 2세

이 제국의 주인은 단 한 사람뿐이다.
다른 누구도 용인하지 않을 것이다.
빌헬름 2세의 뒤셀도르프 연설, 1891년

독일이 '아프리카 분할'에 가세했을 때, 제국 안에서는 통치자 교체를 겪고 있었다. 할아버지 빌헬름 1세와 아버지 프리드리히 3세가 연이어 세상을 떠나면서 영국 빅토리아 여왕의 손자 빌헬름 2세가 1888년 6월 15일 29세에 황제의 관을 받았다.

빌헬름 2세는 변덕스럽고 파괴적인 황제였다. 그가 초기에 취한 중요한 조치 가운데 하나는 수상 오토 폰 비스마르크를 해임한 일이었다. 사진가 토머스 포이크트가 촬영한 이 초상 사진에서 빌헬름 황제는 영국 군복을 입고 있지만, 영국의 친척들과 편치 않은 관계였다. 사촌인 러시아 차르 니콜라이 2세와도 사이가 좋지 않았다. 그는 결례를 범하기 일쑤였고 불안정하고 신경질적이며 외교 정책에서 저지른 실수에 공격적으로 반응한 탓에 친구보다 적을 만들기 쉬웠다. 반자유주의적 시대인 것을 감안한다 해도 그의 반유대주의와 인종주의는 도드라졌으며, 1900년에는 중국에서 싸우고 있는 독일 군대를 훈족 아틸라가 이끄는 무리에 비유하는 등 독일사에 대한 경박한 견해로 역풍을 맞기 일쑤였다.

1914년 세계대전 발발로 이어진 여러 복합적인 사건에서 빌헬름의 호전성은 큰 역할을 했다. 그는 1918년 독일의 패배로 폐위되었고 네덜란드에서 오랫동안 망명 생활을 했다. 그곳에서 그는 인상적인 턱수염을 기르고 장작을 패고 동물을 사냥하는 데 몰두했다. 빌헬름은 아돌프 히틀러를 증오했고 히틀러 역시 그를 증오했다. 1941년 빌헬름이 사망했을 때, 히틀러는 양가적인 감정을 가지고 그의 장례를 군인의 예를 갖추어 치를 수 있게 허락했다.

대한파

The Big Freeze

『노퍽브로즈의 삶과 풍경』이라는 사진집에 실린 이 혹한 장면은 피터 헨리 에머슨과 화가 토머스 프레드릭 구달이 잉글랜드 동부에서 촬영한 것으로 1886년의 첫서리를 보여준다. 조용하고 목가적인 이미지를 담고 있지만 얼어붙은 시골을 제대로 묘사하고 있다. 1880년대 지구 기온이 급격히 떨어졌기 때문이다.

1880년과 1881년 사이의 겨울은 특히 혹독했던 것으로 기록되었다. 1884년 여름에 북반구 평균기온이 전년보다 1.2도 낮았다. 기온 하락은 1888년까지 지속되어 미국 동부와 캐나다가 눈 폭풍에 파묻혔고 이는 '대폭설'로 알려졌다. 혹한과 함께 흉작과 이상기후와 황홀할 만큼 다채로운 황혼이 나타났다. 노르웨이 화가 에드바르 뭉크가 1893년에 완성한 표현주의 회화 〈절규〉에 이 생생한 오렌지빛 하늘이 묘사되어 있다고 알려지기도 했다.

이 기후변화의 주요 원인 중 하나는 1883년 8월 26일부터 27일 사이에 발생한 네덜란드 동인도회사 관할 자바섬과 수마트라섬 사이에 위치한 거대한 화산의 분출로 생성된 구름이었다. 봉우리 세 개로 이루어진 화산섬 크라카타우가 역사상 유례를 찾을 수 없는 엄청난 힘으로 폭발했고 부피가 25세제곱마일이나 되는 화산재가 공중으로 분출해 80킬로미터나 날아갔다. 4800킬로미터 떨어진 오스트레일리아에서도 폭발음이 들렸으며 바다에는 해일이 일었고 엄청난 먼지와 잿더미가 대기 중으로 분출되었다. 화산 폭발로 최소 4만 명이 사망했고 그보다 더 많은 사람들이 어두워진 하늘 아래에서 공포에 떨었다.

존스타운 홍수

현대 산업은 방대한 규모로 자연의 힘을 다루고 있다.
이런 힘을 바보들의 손에 맡긴 자들에게 화가 있을진저.
미국 지질학자 존 웨슬리 파월의 존스타운에 관한 보고서, 1889년 8월

1889년 5월 31일 극한 기후 때문에 펜실베이니아주 존스타운에서는 2000명 넘는 사람들이 목숨을 잃었다. 며칠 동안 쉴 새 없이 내린 비가 급류를 형성했다. 시내에서 23킬로미터가량 떨어진 코네모 호수에 설치된 사우스포크 댐이 가까스로 버티고는 있었지만 감당하기 어려운 압력을 받고 있었다. 댐이 곧 무너질 것이라는 경고가 거듭되었는데도 대피령은 내려지지 않았다.

5월 31일 오후 3시 직전에 호수 수위가 댐을 넘어섰을 때 1400만 세제곱미터가 넘는 물이 리틀코네모강으로 방류되었다. 물은 하류로 가면서 여러 마을을 집어삼켰으며 결국 높이 18미터에 이르는 급류가 존스타운으로 쏟아져 들어갔다. 물길에 갇힌 많은 사람들이 잔해에 깔리거나 물에 빠져 사망했다. 살아남은 사람들도 모든 것을 잃었다. 이 사진은 존스타운 주민 존 슐츠의 집을 촬영한 여러 사진 가운데 하나다. 집은 나무 한 그루가 통째로 박힌 채 뒤집혀 시내를 휩쓸고 내려왔으며 본래 주소지에서 여러 블록 떨어진 곳에 지붕을 깔고 앉은 채 멈춰 섰다(어쨌거나 슐츠는 살아남았다). 슐츠의 집은 '홍수의 괴물'로 묘사되었다. 그 집은 확실히 성난 물의 힘을 보여주는 기념물이었다.

물론 존스타운 재난은 1887년 황하 홍수에 비하면 약소했다. 황하 홍수로 중국인 90만 명가량이 사망했다. 그렇다고 해도 당시 존스타운 홍수는 미국 역사에서 민간에 닥친 최악의 참사였고, 전 세계 사람들에게 자선과 연민의 물결을 불러일으켰다.

클라라 바턴

고결한 의지를 가진 그들은 해야 할 의무를 보았다.
그리고 올바름으로 무장하여 장벽을 뚫었다.

클라라 바턴의 시, 「전장으로 간 여성들」

《존스타운 데일리 트리뷴》의 편집자들은 클라라 바턴과 미국 적십자사 간호사들이 1889년 존스타운 재난을 구호하는 데 기여했다는 사실을 의심하지 않았다. "모든 언어의 사전을 다 뒤진다 해도 클라라 바턴과 그가 행한 일에 대한 우리의 감사를 표현할 만한 기호를 찾을 수 없을 것이다."

1821년 매사추세츠에서 태어난 바턴은 수줍음 많은 아이였지만, 처음에는 교사로, 이후에는 앤티텀전투, 프레더릭스버그전투, 와일더니스전투를 포함해 남북전쟁에서 가장 피비린내 나는 전장에 자원한 간호사로 자신의 천직을 찾았다. 전쟁이 끝난 후 바턴은 연설을 위한 여행길에 올라 자신의 경험을 생생하고 열정적으로 설명하며 청중을 사로잡았다.

건강이 좋지 않았음에도 그는 남은 생을 간호에 헌신했다. 1870년대에는 프로이센·프랑스전쟁 최전선에서 일했고, 1864년에는 교전 중인 군대가 부상병들을 보호하고 치료하도록 규정한 제네바협약에 조인할 것을 미국 의회에 촉구하며 로비 활동을 펼쳤다. 1881년에는 존 D. 록펠러의 재정 지원과 노예제 폐지론자인 프레더릭 더글러스의 정신적 지원을 받아 미국 적십자사를 설립했다. 또한 그는 투표권이 없는 흑인과 여성의 참정권을 주장한 열렬한 운동가이기도 했다.

여기 실린 바턴의 사진은 뉴잉글랜드 출신으로 많은 초상 사진을 남긴 제임스 E. 퍼디가 촬영한 것이다. 1904년 바턴은 퍼디를 위해 포즈를 취했다. 그해에 그는 83세로 미국 적십자사 총재직을 내려놓고 은퇴했다. 그는 8년 뒤인 1912년 4월 12일에 세상을 떠났다.

오스트리아 황태자 루돌프

오스트리아 황태자 루돌프 대공의 문제는 적십자사가 해결해줄 수 있는 종류가 아니었다. 이 사진은 1889년 1월 30일 자살 직후 루돌프의 모습이다. 그는 오스트리아·헝가리제국의 제위를 이어야 할 사람이었지만 좌절감과 심각한 우울증에 시달렸다.

오스트리아 황제 프란츠 요제프 1세의 외아들이던 루돌프는 1858년 태어나는 순간부터 통치자가 될 운명이었다. 그러나 그는 황제와 각료들과 전혀 다른 정치 이념을 가지고 성장했다. 자유주의적이고 반교권주의적이며 반러시아적 성향이던 루돌프는 정부의 주요 역할에서 배제되었다.

루돌프는 1881년 벨기에 국왕 레오폴드 2세의 둘째 딸과 강제로 결혼하면서 더 불행해졌다. 공주의 이름은 스테파니였다. 교회법이 결혼을 허용할 만큼 먼 친척이었지만 그 결혼은 잘못된 결정이었다. 딸 하나 외에 루돌프가 준 것이라고는 성병뿐이었다. 몇 년 뒤 두 사람은 이혼을 고려했다.

1889년에 루돌프는 자포자기에 빠져 충동적으로 자살을 감행했다. 그의 시신은 마리 베체라의 시신과 함께 발견되었다. 마리는 루돌프의 여러 정부 가운데 하나였고 감수성 예민한 17살 남작부인이었다. 빈 인근 숲속, 마이에를링에 있는 사냥을 위한 별장에서 루돌프는 마리를 살해한 후 자살한 것으로 보인다. 이 일은 어느 누구도 상상하지 못한 결과를 낳았다. 오스트리아·헝가리제국의 승계 구도가 바뀌면서 1914년에는 루돌프의 사촌 프란츠 페르디난트 대공이 제국의 후계자라는 사실이 명백해졌고, 사라예보에서 발생한 그의 암살 사건은 제1차 세계대전을 촉발했다.

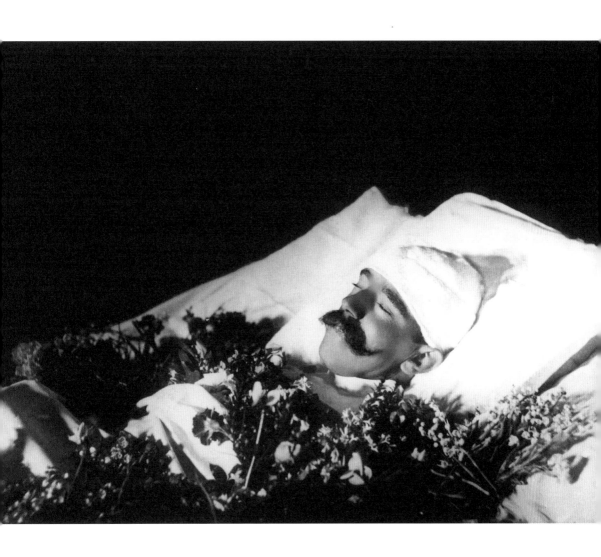

철월(凸月)

이 작은 사진들은 우리에게 값진 정보를 제공한다.
정확성에 관해서는 신뢰할 만하다.

《옵저버토리》의 사설, 1880년

달은 지상의 문제에서 멀리 떨어진 채 변함없는 모습으로 19세기 말의 드라마를 내려다보고 있었다. 이 특별한 사진은 영국의 선구적인 천문학자이자 사진가인 앤드루 에인슬리 커먼이 촬영한 것이다. 그는 위생공학자였지만 평생을 두고 변함없이 열정을 보인 것은 하늘을 올려다보는 일이었다. 1886년 커먼은 영국 왕립천문학회 회원에 선출되었다. 그는 6년전인 1880년 1월 20일에 런던 교외 일링에 위치한 자신의 집에서 직경 910밀리미터 반사망원경으로 이 고해상도 사진을 촬영했다. 이 사진에 대해 그는 이렇게 적었다. "빠른 노출, 10배가량 확대."

엄밀히 말하자면, 그날 커먼이 망원경으로 관찰한 것은 상현의 철월이었다. 이는 지상에서 볼 때 반달보다 크지만 보름달보다는 작은 달이다. 특히 루나 마리아(Luna Maria) 혹은 '달의 바다'로 알려진 달 표면의 검은 반점들이 선명하게 보인다는 사실이 주목할 만하다. 그러나 커먼이 인화한 이 이미지는 아래위가 뒤집힌 모습으로 북반구가 아닌 남반구에서 본 형태다. 그런데 이 점은 쉽게 알 수 있다. 달의 왼쪽 바닥에 있는 검은색 작고 둥근 반점은 마레 크리시움(Mare Crisium, 위기의 바다)이고 그 옆에 있는 큰 것들은 마레 세레니타티스(Mare Serenitatis, 평온의 바다)와 89년 뒤 인류가 처음 달에 착륙하게 될 마레 트랑퀼리타티스(Mare Tranquillitatis, 고요의 바다)이다.

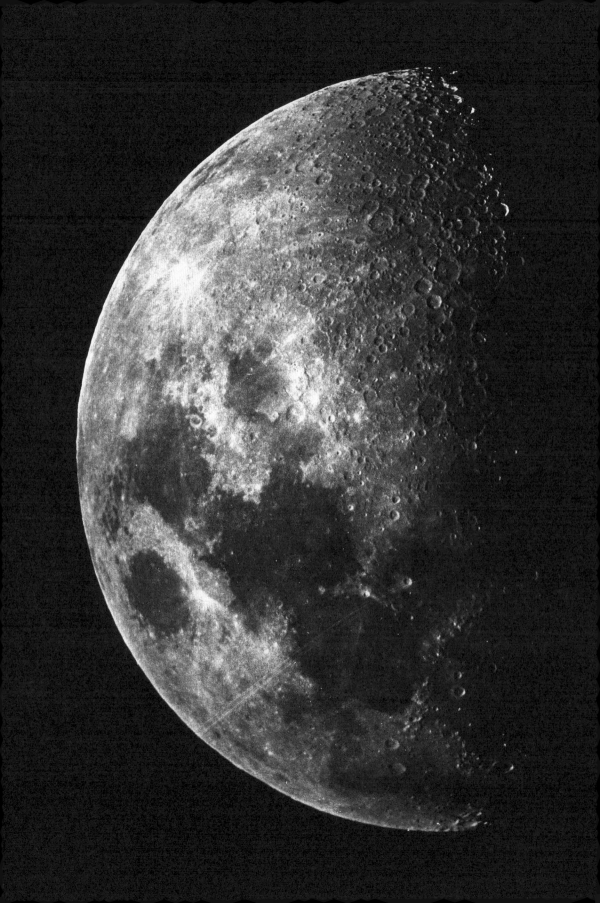

세기의 황혼

유머는 위대한 구원이다.
유머가 생기는 순간 우리의 모든 어려움이 사라진다.

마크 트웨인, 1897년

1894
년에 미국의 유머 작가이자 소설가, 출판인이자 도선사, 연설가이자 현자였던 마크 트웨인은 스스로 파산을 선언하고 세계여행에 나섰다. 그는 앞선 20년 동안 걸작 『톰 소여의 모험』(1876)과 『허클베리 핀의 모험』(1884)을 집필했다. 이상한 시대인 1890년대를 보여주듯, 그의 글은 잘 팔렸지만 그의 출판사는 파산했다.

마크 트웨인은 1835년에 미주리에서 태어나 남부에서 성장했는데 집안 형편이 갑작스럽게 나빠졌다. 출생 당시 이름은 새뮤얼 랭혼 클레먼스였지만 1863년 필명으로 개명했다('마크 트웨인'은 장난스러운 이름이다. 도선사가 강물 깊이를 측정해 운항이 안전하다고 배에 신호를 보낼 때 쓰는 말이다). 당시 그는 증기선 운전으로 생계를 해결하고 있었다. 강을 떠나 전업 작가가 된 마크 트웨인은 경험을 바탕으로 미시시피 출신의 거칠고 투박한 '올드 보이' 캐릭터를 이끌어내는 작가라는 평판을 얻었다.

그러나 트웨인은 뿌리 깊은 미국인 정체성에도 불구하고 1890년대 더 넓은 세계를 여행하며 대부분 시간을 보냈다. 여기 수록된 사진은 위대한 사진가 프랜시스 벤저민 존스턴이 트웨인의 말년 모습을 촬영한 것이다. 트웨인은 오스트레일리아, 뉴질랜드, 인도, 남아프리카, 런던, 빈을 방문했다. 어디를 가든 활력 넘치는 연설과 오랜 삶에서 얻은 흥미로운 이야기들로 청중을 매료시켰고 유력 인사의 마음을 사로잡았으며 방문한 곳의 정서에 맞춰 자신의 무대극을 솜씨 좋게 각색했다. 1870년 찰스 디킨스가 세상을 떠난 이후, 생존 작가 가운데 트웨인보다 더 시대정신에 잘 맞는 인물은 없었다.

1873년 트웨인은 그 시대를 '도금 시대(The Gilded Age)'로 규정했는데 바로 동명 인기 소설을 공동 저술하면서였다. 그 작품은 급속한 기술 진보, 인구 성장, 산업적 부, 미국 재건이 시대를 초월한 인간의 실패라 할 만한 지나친 낙관주의와 부패와 만나 서로 충돌하는 시대로 역사적 순간을 규정했다. 트웨인은 1890년대 내내 세계를 여행하면서 그가 규정한 그 세계를 두 눈으로 직접 확인할 수 있었다.

그의 고향 미국에서는 인구가 급속히 증가하고 있었지만, 1870년대에 그랬던 것처럼 경제는 여전히 예측불허였고 많은 미국인들의 삶은 위험하고 힘겨웠다. 그러나 미국은 새로운 단계로 접어들고 있었다. 식민 지배에서 벗어난 신생국에서 강대한 제국이 되어가고 있었다. 1898년 미국·스페인전쟁으로 쿠바, 필리핀, 푸에르토리코, 괌이 미국의 통제 아래 들어왔다. 같은 시기 하와이가 합병되었다. 미국 제국주의를 지지하는 사람과 미국 고립주의를 지지하는 사람들 사이의 갈등이 앞으로 수십 년을 지배하게 될 것이었다. 그리고 이러한 갈등은 21세기에 접어든 오늘날까지도 여러 면에서 이어지고 있다.

태평양 건너편에서 제국주의는 또 다른 문제를 일으켰다. 영국, 프랑스, 독일, 이탈리아, 벨기에의 식민 세력이 원주민들을 복속시키고 마구잡이로 분할해 차지한 대륙을 지배하기 위해 계획을 꾸몄던 아프리카에서 그랬던 것처럼, 1890년대에는 중국, 일본, 한국, 동해와 황해 주변에서 상업적·정치적 이해관계를 가진 여러 유럽 국가들 사이에 지속적인 갈등이 목격되었다.

1890년대에 유럽에서는 화려한 장관을 선사한 순간들이 펼쳐졌다. 1896년에는 올림픽 경기가 열렸고 1897년에는 빅토리아 여왕 즉위 60주년을 기념하는 행사가 있었다. 그러나 드레퓌스 사건처럼 저급한 부패를 드러낸 악명 높은 사건들도 일어났다. 그 사건으로 핵심까지 썩어 들어간 프랑스 기득권의 모습이 만천하에 드러났다. 그러나 세계는 계속해서 움직이고 있었다. 증기기관차는 계속 증기를 뿜어냈고 최초의 근대적인 자동차가 공장에서 출고되었으며 연극 무대 주역들이 새로운 기술이었던 영화를 고려하기 시작했다.

이것이 바로 마크 트웨인이 여행했던 세계였다. 모험의 모든 순간을 글로 쓰면서 세심하게 명성을 쌓은 마크 트웨인은 1900년 10월 뉴욕으로 돌아와 다시는 여행길에 오르지 않을 것이며 세계를 보면 볼수록 제국주의를 더 격렬히 증오하게 되었다고 선언했다.

1893

__1월__ 하와이의 군주정이 전복되어 릴리우오칼라니 여왕이 폐위되고 하와이는 미국에 합병되었다.

__5월__ 미국의 금융위기와 신용위기로 1893년 공황으로 알려진 심각한 경제불황이 시작되었다.

__9월__ 뉴질랜드가 세계 최초로 여성에게 투표권을 부여했다.

1891

__2월__ 남북전쟁에 참전한 장군이자 '전면전'의 선구적 옹호자로 칭송받은 윌리엄 T. 셔먼이 사망했다.

__4월__ 런던·파리 간 일반 전화선이 개통되었다.

1890

__3월__ 카이저 빌헬름 2세가 오토 폰 비스마르크 수상을 해임했다.

__7월__ 영국은 술탄의 나라 잔지바르를 장악하고 독일이 소유한 북해 헬골란트섬과 잔지바르를 교환했다.

__12월__ 헝크파파 라코타족 추장 시팅불이 총격으로 사망했고 2주 뒤 사우스다코타 운디드니에서 150명 넘는 라코타족이 학살되었다.

1892

__1월__ 엘리스섬이 미국에 도착하는 이민자들의 심사 장소로 사용되었다.

__4월__ 에디슨의 제너럴 일렉트릭사와 톰슨·휴스턴사가 합병해 제너럴 일렉트릭사가 설립되었다.

1894

__5월__ 오하이오에서 경기부양을 위한 정부의 공공사업을 요구하며 시위 행진을 이끈 제이컵 콕시가 워싱턴 DC에서 체포되었다.

__8월__ 청일전쟁이 시작되었다.

__11월__ 알렉산드르 3세의 뒤를 이어 니콜라이 2세가 러시아 차르에 즉위했다.

1895

1월 유대인 대위 알프레드 드레퓌스가 독일에 군사 기밀을 팔아넘긴 혐의로 잘못 기소되어 프랑스 군대에서 공식적으로 직위를 박탈당했다.

2월 뤼미에르 형제가 에디슨의 키네토스코프에 맞서 영사기 시네마토그래프의 특허를 출원했다.

10월 일본 자객들이 서울(한성) 경복궁에 침입해 조선의 명성황후를 시해했다.

1897

5월 아일랜드 극작가 오스카 와일드가 풍기문란죄로 2년 형기를 마친 후 출소했다.

6월 대영제국 빅토리아 여왕의 재위 60주년 기념식이 거행되었다.

7월 클론다이크에서 골드러시가 시작되어 10만 명이 일확천금을 기대하며 캐나다·알래스카 국경으로 향했다.

1899

1월 파리에 '사라 베르나르 극장'이 문을 열었고, 극장과 동명인이자 후원자인 사라 베르나르가 주연을 맡은 빅토리앵 사르두의 〈토스카〉가 재상연되었다.

2월 필리핀과 미국 사이에 전쟁이 발발했다.

10월 남아프리카에서 제2차 보어전쟁이 발발했다.

1896

3월 메넬리크 2세에게 충성하는 에티오피아 군대가 아두와전투에서 이탈리아군을 격퇴했다.

4월 최초의 근대 올림픽인 1896년 하계 올림픽이 아테네에서 개최되었다.

5월 미국 연방 대법원이 플레시 대 퍼거슨 소송에서 인종 분리를 지지했다.

1898

2월 미국 전함 메인호가 아바나 항구에서 폭파되어 미국·스페인전쟁이 촉발되었다.

9월 영국이 옴두르만전투에서 수단의 마흐디 군대를 물리치고 승리를 거뒀다.

10월 중국에서 의화단원들이 외국인들을 공격해 의화단운동으로 알려진 3년간의 반란이 시작되었다.

콕시 군단

마크 트웨인의 '도금 시대'를 완벽하게 보여준 것은 1893년부터 미국을 사로잡은 위기였다. 4년간의 심각한 경기 침체는 미국이 그때까지 경험했던 다른 어떤 경제 위기보다 심각했고 미국 재무부의 금 보유고가 고갈되었다.

미국의 달러화를 지탱한 것은 실질적인 금 보유고였기 때문에 연방준비금이 위험 수준으로 줄어들자 1893년 4월 미국 달러화의 신용도는 크게 하락했다. 투자자들이 팔 수 있는 것을 모두 팔아 금화와 금괴로 교환하면서 재무부의 금 보유량이 고갈되기 시작했다.

공황은 금융 시스템 전반으로 급속히 확산되어 은행의 뱅크런과 파산이 줄을 이었고 기업의 도산이 불가피해졌으며 특히 철도와 철강 산업이 붕괴했다. 그해 미국인 다섯 명 가운데 한 명이 실직했고 시위가 시작되었다.

이 사진은 1894년 오하이오의 기업가 제이컵 S. 콕시가 이끈 시위대인 '콕시 군단'의 행군을 보여준다. 콕시는 금본위제를 포기하고 연방 도로건설 사업으로 경기를 부양하라고 정부에 촉구했다. 수백 명이 정부에 청원하기 위해 오하이오 매슬런에서 워싱턴 DC로 행진했다. 길을 가는 동안 인원은 계속 늘어났다. 그러나 5월 1일에 워싱턴에 도착했을 때 콕시는 공개 연설을 하기도 전에 국회의사당 잔디밭에 불법 진입한 죄로 체포되었다.

경제 혼란은 1897년이 되어서야 진정되었다. 낮은 지지율을 기록한 그로버 클리블랜드 대통령이 그해 두 번째 임기를 마쳤다. J. P. 모건과 로스차일드 같은 은행가들은 미국 정부에 대한 고금리 구제금융으로 부를 거머쥐었고 클론다이크에서 엄청난 금맥이 새로 발견되었다.

일할 수 있고 일하고자 하는 모든 사람에게
일자리를 제공하는 법을 마련해달라고 청원하기 위해
우리는 이 자리에 모였습니다.

제이컵 콕시의 불발된 연설, 1894년

골드러시

금이 미국 경제를 떠받쳤기 때문에 새로운 금광은 수익성 높은 사업이었다. 그리고 1896년 여름 알래스카 국경에 인접한 캐나다 서부 유콘을 탐사하던 채굴꾼들이 클론다이크강 지류에서 금덩이를 발견했다. 그들은 클론다이크강 지류에 보난자 크리크라는 꼭 어울리는 이름을 붙였다. 채굴꾼들은 모두 엄청난 부를 기대했다. 그 꿈은 일찍이 1840년대에 백인 서부 정착민들을 캘리포니아로 끌어들였고 이는 역사상 가장 유명한 골드러시 가운데 하나였다.

1897년 7월에 얼음이 녹자 보난자 크리크의 황금 얘기가 전 세계에 전해졌다. 10만 명이 보물을 찾아 몰려들었다. 그들은 위험천만한 산길을 택하거나 막대한 비용을 지불하고 바다를 건너거나 샌프란시스코에서 강을 따라 배를 타고 알래스카에 당도했다. 유콘의 핸족은 그들에게 자리를 내주고 새로운 보호구역으로 밀려났다.

클론다이크에는 정말로 막대한 금이 있었다. 그러나 수요가 공급을 크게 넘어섰고 일확천금을 손에 넣은 사람보다 재산을 탕진한 사람이 훨씬 많았다. 수백 명이 금맥을 찾아가다 사망했고 시애틀에서 활동하던 사진가 프랭크 라 로슈가 촬영한 이 사진이 보여주듯 탐사 캠프의 상황은 열악했다. 도슨시티처럼 급조된 도시들에서는 도박, 과음, 질병, 무법 상태, 화재, 성매매, 폭력이 난무했다.

클론다이크는 1899년 여름까지 많은 미국인에게 외면하기 어려운 유혹이었다. 그러다 유콘 입구 놈에서 더 많은 금이 발견되자 일확천금에 눈먼 금 채굴자들이 몰려갔다.

믿기 어려울 만큼 짧은 순간에
캘리포니아 해안 거주자들이
흥분의 도가니에 빠졌다.
역사에서 유례를 찾을 수 없는 규모로
사람들이 계속해서 밀려들었다.

에드윈 타판 에드니, 『클론다이크로 밀려드는 사람들』, 1900년

사라 베르나르

사라 베르나르의 목소리에는 황금보다 더한 것이 있었다.
천둥과 번개가 있었고 천국과 지옥이 있었다.

리턴 스트레이치, 베르나르의 이력에 관한 소론, 1925년

황금 열풍이 미국 북서부를 휩쓰는 동안 미국 다른 곳에서는 무대 위 보물에 사로잡혀 있었다. 프랑스 여배우 사라 베르나르는 1890년대 파리를 떠나 미국으로 세 차례 순회공연을 했다(1891, 1896, 1900). 그는 빅토리앵 사르두의 〈토스카〉와 〈클레오파트라〉, 에드몽 로스탕의 〈시라노 드베르주라크〉를 포함해 프랑스 유명 극작가들의 최신작에 출연해 박수갈채를 받았다.

네덜란드 유대인 코르티잔(Courtesan, 상류사회 사교계 모임에 동반하는 창부 혹은 정부)의 사생아였던 베르나르는 뒤늦게 활동을 시작했지만 1870년대부터 매력적인 연기와 잊을 수 없는 목소리로 국제적인 명성을 얻었다. 또한 소설가이자 극작가 빅토르 위고와 빅토리아 여왕의 아들이자 곧 에드워드 7세가 될 앨버트 에드워드 같은 유명 인사들의 구애를 줄지어 받았다.

베르나르는 남성 역할도 연기했다. 셰익스피어의 햄릿 역할과 로스탕의 〈새끼 독수리〉에 나오는 나폴레옹의 아들 역할을 했다. 여러 해 동안 그는 파리에서 '사라 베르나르 극장'의 운영자로도 활약했다(나중에 극장은 '국민극장'으로 이름을 바꾸었다).

1890년에 W. & D. 다우니가 촬영한 이 사진 속에서 베르나르는 사르두가 쓴 〈테오도라〉의 주연으로 분장한 모습이다. 사라는 불같은 성미로도 유명했다. 도어맨의 머리를 우산으로 내려치는가 하면 1891년 샌프란시스코 공연에서는 권총으로 무대 담당자를 쏘겠다고 위협한 적도 있다. 1915년에 베르나르는 오래전에 무릎에 입은 깊은 상처가 감염되어 오른쪽 무릎을 절단했다. 그는 괘념치 않고 활동을 계속했다. 1923년 사망 당시에도 베르나르는 파리 자택에서 영화에 출연하고 있었다.

뤼미에르 형제

30년 동안 연극 무대를 지배했던 사라 베르나르가 영화 초창기 스타가 된 것은 놀라운 일이 아니다. 베르나르가 최고 명성을 누리던 시절에 같은 나라 사람 오귀스트 뤼미에르와 루이 뤼미에르가 처음으로 영화를 만들었다.

여기 수록된 사진은 중년의 뤼미에르 형제를 촬영한 것으로 두 사람은 아버지로부터 수익성 좋은 사진 회사뿐 아니라 호기심 많은 기질도 물려받았다. 1895년 2월 13일에 두 사람은 이미지를 영사할 수 있는 영상 카메라 시네마토그래프의 특허를 출원했다. 그 카메라는 여러 사람이 동시에 볼 수 있다는 점에서 한 번에 한 사람만 볼 수 있는 토머스 에디슨의 키네토스코프와 달랐다. 뤼미에르의 첫 영화는 46초 분량으로 리옹의 공장 문을 나서는 노동자들의 모습을 담았다. 같은 해 12월 28일 파리 카푸신 대로의 그랑 카페에서 여러 다른 영화와 함께 개봉했고 오늘날 최초의 영화로 간주된다.

시네마토그래프와 키네토스코프 같은 발명품들이 시장에 나오자, 영화의 잠재력이 곧 현실화되었고, 유명 연극배우들이 초기 단편영화에 등장했다. 베르나르는 1900년 라에르테스와 결투하는 햄릿을 연기했다. 그러나 영화산업에 대한 뤼미에르 형제의 관심은 오래 유지되지 않았다. 다큐멘터리 스타일 영화 수천 편을 수집한 뒤에 두 사람은 오토크롬으로 불리는 초기 천연색 사진 프로세스를 개발하고 3D 영상 혹은 '입체 영상' 연구로 관심을 돌렸다. 오귀스트는 여러 해 동안 암과 결핵 같은 질병을 연구하기도 했다. 루이는 1948년, 오귀스트는 1954년에 사망했다.

새로운 올림픽 선수들

국제 올림픽위원회가 개최한 최초 근대 올림픽이었던 1896년 아테네 올림픽 경기에는 이상하게도 금메달이 없었다. 육상, 레슬링, 체조, 조정, 테니스를 비롯해 참가 자격을 해군에 한정한 수영 경기까지 주요 종목 우승자들은 은메달을 받았다. 준우승자는 청동이나 구리로 된 메달을 받았다.

이 사진에 등장하는 것은 100미터 달리기 결승전 주자들이다. 우승자는 12초를 주파한 토머스 버크였다. 왼쪽 두 번째 레인에서 그는 당시에는 보기 드물었던 '크라우칭 스타트' 자세를 취하고 있다. 버크의 우승 기록은 좋았지만 특별하지는 않았다. 그의 예선 통과 기록은 11.8초였다. 그러나 버크가 주 종목인 400미터 달리기로 더 잘 알려졌던 점을 생각하면 이 역시 충분히 인상적인 기록이었다(버크는 400미터 경기에서도 우승했다).

고대 그리스 육상경기의 부활은 1896년 이전에도 여러 번 시도된 적이 있었다. 가장 주목할 것은 자선가이자 사업가인 에방겔로스 자파스가 처음 조직해 1859년과 1888년 사이에 개최한 일련의 올림픽 경기들이다. 그는 기원전 4세기에 올림픽 경기를 목적으로 지은 판아테나이아 경기장을 발굴해 복원했다. 1896년은 자파스가 세상을 떠난 지 30년도 더 지난 때로 조직의 기반은 프랑스인 피에르 드 쿠베르탱에게 넘어갔다.

오늘날 기준으로 보면 아테네 올림픽은 소규모 아마추어 경기였지만 고전적 개념을 성공적으로 되살려낸 대회였다. 정기적인 하계 올림픽과 동계 올림픽(1924년부터)이 시작되었고 두 차례 세계대전 동안에만 중단되었다.

올림픽 경기에서 가장 중요한 것은
승리가 아니라 참가하는 일이다.
살아가는 데 필수적인 것은
정복이 아니라 잘 싸우는 것이다.

피에르 드 쿠베르탱, 1908년

자동차

1830년대 이후 발명가들은 철제 선로 없이 자체 동력으로 달릴 수 있는 교통수단을 만들려고 노력했다. 1890년대에 첫 가솔린 동력 자동차가 도로 위에 등장했을 때 마침내 그 꿈은 실현되었다. 독일의 카를 프리드리히 벤츠와 고틀리프 다임러는 1880년대에 유럽에서 가솔린 동력 사륜차를 시연한 적이 있었다. 미국에서는 찰스 듀리에와 프랭크 듀리에가 1893년 가을에 매사추세츠주 스프링필드 부근에서 직접 만든 듀리에 자동차를 운전했다. 듀리에 형제가 만든 자동차는 미국 최초 도로 경주에서 우승했으며 최초 교통사고에 연루되는 영예까지 얻었다.

1898년에 촬영된 이 사진에 등장하는 자동차는 프랑스에서 만든 6마력짜리 파나르 르바소다. 당시 그 차는 웨일스 남작의 아들이자 기술 애호가로 초기 비행기와 자동차를 수집했던 찰스 스튜어트 롤스 소유였다. 그의 관심은 20세기 초에 로이스를 동업자로 삼아 사업으로 발전했다. 그들의 회사 롤스로이스사는 1906년에 설립되어 조용하고 부드럽고 값비싼 차를 만들기로 정평이 났다. 1910년 에어쇼에서 라이트 플라이어 추락으로 롤스가 사망한 뒤에도 그들의 회사는 존속했다.

1890년대 자동차들은 실험적이었고 많은 경우 실용성이 없었지만 자동차 시대가 시작된 것만은 분명했다. 다음 10년 동안 올드스모빌 커브드 대시와 포드 모델 T 같은 차들이 공장 조립라인에서 대량으로 생산되었고, 이로써 사람들의 여행 방식은 이전과 같아질 수 없게 되었다.

자체 동력으로 움직이는 교통수단 개념은
역사보다 더 오래된 것이다.

찰스 듀리에, 1915년

몽파르나스역 열차 탈선 사고

기차가 미친 듯이 건물 벽에 달려들었을 때……
혼비백산한 여행객들을 상상할 수 있을 것이다.
그들의 놀람은 곧 공포로 바뀌었다…….

《르 프티 저널》, 1895년 10월 23일

교통수단이 진화하면서 눈부신 광경뿐만 아니라 치명적인 사고를 목격할 가능성도 함께 커졌다. 역사상 가장 유명하고 인상적인 사진도 남긴 철도 사고는 1895년 10월 22일 파리 몽파르나스역에서 발생했다. 오후가 끝나 갈 무렵 그랑빌에서 출발한 파리행 열차가 완충장치를 들이받고 질주해 기차역의 벽을 뚫고 나왔고 기관차 앞부분이 렌 광장에 거꾸로 박히고 나서야 멈춰 섰다.

몇 시간 동안 파리 최고 사진가들이 몰려들어 이 특별한 장면을 카메라에 담았다. 이 사진은 사진 우편엽서를 전문으로 제작했던 레옹&레비 인쇄소가 출판한 것이다. 같은 장면을 촬영한 다른 유명한 사진으로는 사진가이자 발명가 앙리 로제(훗날 앙리 로제 비올레로 알려졌다)의 사진이 있다.

놀랍게도 몽파르나스역 탈선 사고 사망자는 단 한 명뿐이다. 마리오 거스틴 아귈라르는 신문 행상인으로 기차가 몽파르나스역 벽을 뚫고 나올 때 떨어진 석벽 조각에 맞아 사망했다. 그러나 기관차 시대는 많은 인명 피해를 피할 수 없었다. 기관차 탈선이든 충돌이든 보일러 이상으로 인한 폭발이든 말이다. 1890년대에 주목할 만한 참사로는 1891년 스위스 한 교각 위에서 열차가 추락해 70명 넘게 죽은 뮌헨슈타인 참사와 1896년 50명이 죽은 애틀랜틱시티 충돌 사고가 있다. 승객의 안전을 개선하는 일은 끝없는 과제처럼 보였다.

드레퓌스 사건

1890년대 프랑스 최대 스캔들은 열차 사고가 아니라 법정 소송이었다. 1894년 유대인 육군 대위 알프레드 드레퓌스는 독일에 군사기밀을 팔아 넘긴 반역죄로 기소되었다. 이 사건은 10년 이상 끌며 세기의 재판이 되었다.

여기 수록된 사진은 1895년 1월 5일에 그가 공식적으로 강등된 뒤 촬영한 것이다. 그는 공개적으로 계급을 박탈당하고 계급장이 떼였으며 검은 절단되었다. 종신형을 선고받은 그는 프랑스령 기니 데블스아일랜드에 있는 감옥에 수감되었다. 드레퓌스는 결백을 주장했고 그의 주장은 옳았다. 그가 그릇된 기소, 날조된 증거, 사악한 반유대주의의 희생자였다는 사실이 명확해졌다.

드레퓌스의 혐의를 벗기려는 언론인들의 시도는 또 다른 장교 페르디낭 에스테라지의 죄를 증명하는 쪽으로 초점이 맞춰졌다. 1898년 군법회의에서 에스테라지에게 무죄가 선고되자 신문《로로르》는 공화국 대통령에게 보내는 에밀 졸라의 공개서한「나는 고발한다」를 실었다. 편지에서 에밀 졸라는 판결을 비난하며 은폐 의혹을 제기했다.

졸라는 나중에 명예훼손죄를 선고받았고(감옥행을 피해 영국으로 도주했다), 드레퓌스 사건으로 프랑스는 드레퓌스를 지지하는 공화주의적이고 반교회적인 좌파(일명 드레퓌스파)와 드레퓌스파를 반프랑스적이라고 여기는 가톨릭 민족주의자들로 갈라졌다. 드레퓌스는 1899년에 한 번 더 군법회의에 회부되어 유죄를 선고받았지만, 드레퓌스파들이 정부를 장악한 7년 뒤 민간 법정에서 무죄를 선고받았다. 드레퓌스는 제1차 세계대전에서 눈부신 활약을 했고 1935년에 사망했다.

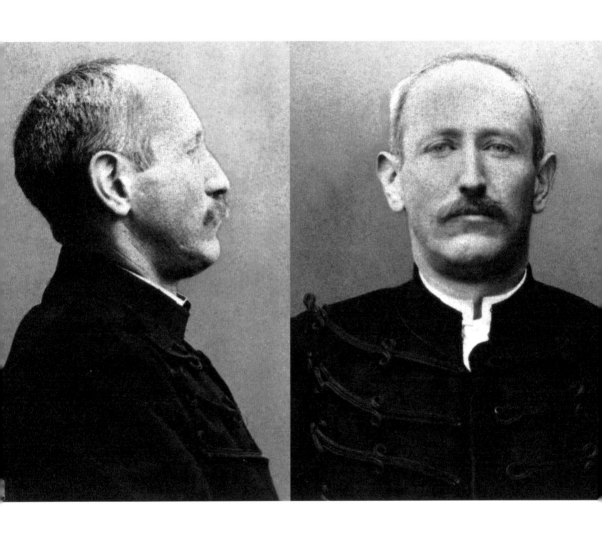

나는 고발한다! …… 밝혀지지 않은 증거로 피고에
게 유죄판결을 내림으로써 법을 위반한
제1차 전쟁위원회를 고발한다…….

에밀 졸라, 《로로르》, 1898년 1월 13일

메인호 폭발

드레퓌스 사건으로 프랑스가 분열되었을 때 대서양 건너 쿠바에서는 폭력적인 충돌이 진행되고 있었다. 1898년 2월 15일 미국 해군 무장 순양함 메인호가 아바나항에서 폭파되었다. 거대한 폭발로 승선 인원의 4분의 3인 해군 260명이 사망하고 배 앞부분이 파괴되었다.

폭발이 왜 일어났는지 만족스럽게 밝혀낸 사람은 없었지만 결과는 고통스러울 만큼 명확했다. 이 일로 미국과 스페인 사이에 전면전이 시작되었다.

여기 수록된 사진에는 난파된 메인호의 모습이 보인다. 메인호는 쿠바에서 미국 시민과 미국의 이익을 보호하기 위한 장기적인 노력의 일환으로 아바나에 머물고 있었다. 스페인에게서 독립하려는 반란 전쟁이 4년째 계속되었고 강제수용소 수감자에게 자행된 학대 행위가 미국 언론에 널리 보도되었다.

1898년 4월 22일과 25일 스페인과 미국이 선전포고를 주고받았다. 그 후 미국 군대는 쿠바는 물론 또 다른 스페인 식민지 필리핀에 파견되었다. 압도적 군사력을 앞세운 미국이 10주 동안 치러진 전쟁에서 승리했다. 8월에 스페인은 휴전에 합의했다. 1898년 12월 10일에 체결된 파리조약에 따라 쿠바는 미국의 감독 아래 독립했고, 미국은 필리핀, 푸에르토리코, 괌을 차지했다. 이제 미국은 명실상부한 전 지구적 강대국이었지만 한때 강력한 제국이었던 스페인은 크게 축소된 채 상처를 핥아야만 했다.

메인호를 기억하라—
스페인은 지옥으로 떨어져라.

미국의 슬로건, 1898년

하와이의 마지막 여왕

오, 정직한 미국인들이여……
짓밟힌 내 백성들을 위해 내 말을 들어주오!
당신들에게 당신들의 정부가 소중한 만큼 그들에게도
그들의 정부 형태가 중요하다오.

릴리우오칼라니, 『하와이 여왕이 쓴 하와이 이야기』, 1898년

릴리우오칼라니는 여러 면에서 처음이자 마지막인 여성이었다. 그는 하와이섬을 통치한 최초 여성이자 1898년 미국이 하와이를 장악하기 전 마지막 군주였다.

릴리우오칼라니는 1838년에 리디아 카마카에히라는 이름으로 데이났고 오빠 칼라카우아 왕의 사망으로 52세에 왕위에 올랐다. 그러나 여왕의 재위 기간은 짧았고 힘겨웠다. 여왕은 진주만 해군기지 건설을 포함해서 미국과 긴밀하고 호혜적인 경제협정을 체결해나가는 속도를 지연시키려고 노력했다. 이로 인해 여왕은 하와이 태생 선교사의 아들 샌퍼드 B. 돌이 이끄는 정치집단과 직접적인 갈등을 빚었다. 샌퍼드 B. 돌은 하와이가 긴밀한 유대 관계에서 나아가 미국에 점진적으로 합병되기를 원했다.

1893년에 릴리우오칼라니는 자신의 궁전에 구금된 채 폐위를 강요당했다. 돌은 1894년 하와이 공화국의 대통령이 되었다. 그리고 4년 후 미국·스페인전쟁이 최고조에 이르렀을 때 대통령 윌리엄 매킨리의 합병 승인으로 하와이는 미국 영토가 되었고 1959년에는 미국의 50번째 주가 되었다.

여기 수록된 릴리우오칼라니의 사진은 바넷 M. 클라인딘스트가 촬영한 것이다. 릴리우오칼라니는 국가를 빼앗긴 뒤에도 호놀룰루에 남아서 잇단 법정 소송으로 왕국의 영토를 되찾으려고 노력했다. 그는 1917년 11월 11일에 하와이에 있는 자택 워싱턴 플레이스에서 사망했다.

청일전쟁

메이지유신으로 근대화를 이룬 뒤 자신만만하고 공격적이던 일본이 조선을 두고 중국의 청 왕조와 충돌했다.

한국은 명목상으로는 조선 왕조 고종과 그의 부인 명성황후가 다스리고 있었다. 그러나 중국은 조선을 속국으로 간주했으며 일본은 조선의 풍부한 철광석과 석탄을 약탈하기 위해 자신들에게 유리한 조건으로 조선에 통상을 강요했다. 청과 일본이 조선 정부와 군부의 서로 다른 분파를 지원하면서 조선에서는 정치적 분쟁이 일었고 피비린내 나는 충돌이 잦았다.

1894년 3월에 친일 개화파 김옥균이 상하이에서 살해되었다. 6월에는 청과 일본의 긴장이 고조되어 일본이 원정군 8000명을 조선에 파병해 고종을 포로로 잡고 친일 내각을 수립했다. 결과는 청과 일본의 전면전이었다. 8월 1일에 전쟁이 선포되었고 결국 영국 해군을 모델로 탁월한 해군력을 구축한 일본이 승리했다.

이 사진은 웨일스에서 건조된 철갑 순양함 히에이호에 승선한 일본 수병들을 보여준다. 히에이호는 1894년 9월에 압록강 어귀 인근 황해해전으로 수병들을 실어 날랐고 그곳에서 심하지만 치명적이지는 않은 손상을 입었다.

1895년 봄까지 일본이 떠들썩하게 연전연승을 거두자 청은 평화조약을 모색했다. 4월 17일에 시모노세키조약이 체결되었고 청은 타이완과 만주 일부를 일본에 할양하고 조선이 중국의 통치에서 독립된 나라라고 인정했다. 일본의 승리는 청 왕조의 종말을 재촉했고 조선에는 치명적인 결과를 가져왔다.

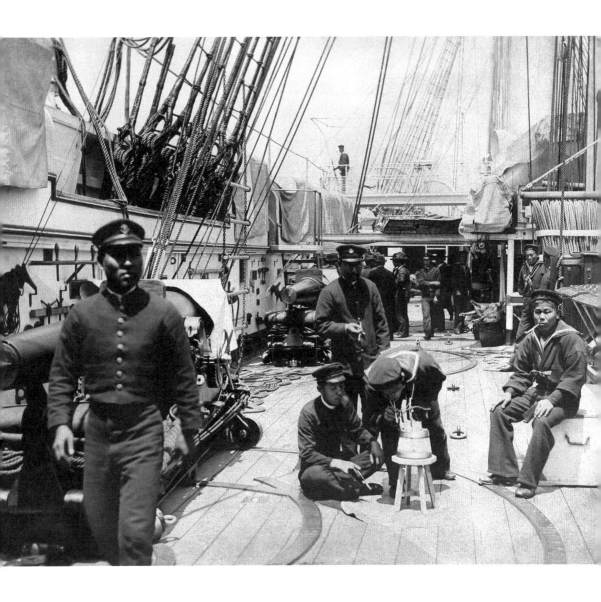

명성황후

서거한 조선 왕비는 행복한 삶을 누리지 못했던 것 같다.
그리고 모든 기사가 사실이라면 그는 그런 삶을 누릴 만한
사람이 아니었다.

《웨스트민스터 가제트》, 1895년 11월

1894년부터 1895년 사이 청일전쟁의 결과는 고종에게는 크나큰 압박이
되었다. 그는 일본의 이익에 맞춰 정책을 수립해야 했다. 고종의 아내이자
왕비인 명성황후(가족의 성씨를 따라 '민비'로 알려지기도 했다)에게는 특히
불편한 일이었다.

1866년 14세에 고종과 결혼한 이후 명성황후는 경계심을 늦춘 적이
없었다. 그는 여성의 종속적인 지위를 주장하는 전통 유교 가치를 거스르
는 인물이었고 왕궁 안에서 정치적으로 적극적인 역할을 하려고 했다. 또
한 자신의 정치세력을 이끌며 군사 개혁, 전면적 근대화, 서양과의 적극
적인 문화적·경제적 접촉을 포함하는 정책들을 지지했다. 청일전쟁 이후
그는 일본의 지배를 저지하기 위해 러시아와 조선의 더 긴밀한 관계를 주
장했다.

명성황후의 사진은 드물다. 사진 속 여성의 신원에 대해서 여전히 논
란이 많다. 어떤 이들은 이 사진이 명성황후를 촬영한 것이라고 말하고
또 어떤 이들은 조선 왕실의 궁녀라고 주장한다. 안전을 위해 궁녀들이
명성황후처럼 차려입는 일이 많았기 때문이다.

그러나 한 가지는 분명하다. 1895년 10월 8일에 명성황후는 43세로 경
복궁에 침입한 일본 자객의 검에 시해되었다. 시해 후 시신은 소각되었고
고종은 러시아 공사관으로 피신했다. 1896년 궁으로 돌아온 황제는 명성
황후의 유품으로 성대한 장례식을 치렀다.

고종은 1897년 대한제국을 선포했지만 10년 뒤 일본의 압력을 이기지
못하고 양위했다. 1910년에 조선은 일본에 합병되었고 1945년까지 일본
의 식민 지배를 받았다.

의화단운동

청일전쟁의 여파는 중국에서도 극적인 격변을 초래했다. 1898년부터 1901년 사이 광범위한 기근과 가뭄으로 고통받고 1900년부터는 서태후의 지원을 받은 민중은 외국인들과 중국인 기독교 신자들이 나라를 몰락시킨다고 비난하며 공격했다.

의화단, 즉 '정의롭고 조화로운 단체'라는 뜻의 비밀 결사체가 반란을 선동했다. 의화단원들은 서양 무기와 총탄을 막을 수 있다고 믿으며 무술을 연마했다. 그들은 결국 무술에 대한 생각을 바꿀 수밖에 없었지만 그때는 이미 중국 북동부에서 수많은 기독교 신자와 선교사들을 살해하고 교회와 외국인들의 집을 불태우고 베이징을 점령한 뒤였다.

1900년 6월 20일에 시작된 의화단의 베이징 포위공격은 중국에 이해관계가 있는 8개 동맹국(일본, 러시아, 프랑스, 영국, 미국, 오스트리아·헝가리제국, 독일, 이탈리아)의 대규모 반격을 촉발했다. 연합군 2만 명이 베이징으로 진격했고 의화단의 포위공격은 해제되었다. 서태후와 광서제는 피신했고, 1901년 9월 7일 청의 조정은 서양 강대국들에게 엄청난 배상금을 지불한다고 명시한 굴욕적인 평화협정에 합의했다. 의화단과 그들의 반란을 후원했던 조정 대신들은 처형되었고 외국 군대가 베이징 주변에 주둔했다.

이 일은 중국의 위신에 엄청난 타격을 주었고 청 왕조에는 수백 년에 걸친 통치가 곧 막을 내리게 되는 치명적인 일격이 되었다.

청의 소멸이 임박했다……
우리가 죽을 수밖에 없다 해도
죽을 때까지 싸우지 않을 이유가 있는가?

조정 회의에서 서태후, 1900년 6월 17일

에티오피아전쟁

적군이 지금 우리 조국을 망치고 우리 종교를 바꾸기 위해 다가오고 있다……
신의 가호로, 나는 그들에게 내 나라를 넘겨주지 않을 것이다.
에티오피아인들에게 내리는 메넬리크 2세의 포고, 1895년 9월

이탈리아군은 중국에서 의화단운동을 진압하는 데 도움을 주었다. 그러
나 비슷한 시기에 아프리카에서 이탈리아의 의지를 관철하려던 시도는
전혀 다른 결과를 낳았다.

에티오피아제국(유럽에서는 아비시니아로 알려졌다)은 1880년대 '아프
리카 분할'이 진행되는 동안 유럽 열강의 식민지가 되지 않은 몇 안 되는
아프리카 지역 가운데 하나였다. 하지만 1895년에 수상 프란체스코 크리
스피가 이끄는 이탈리아 정부가 에티오피아를 보호령으로 삼으려 시도하
면서 시련을 맞았다.

이탈리아의 시도는 1889년 두 왕국 사이에 체결된 조약 가운데 의도
적으로 모호하게 만든 조항에서 비롯되었다. 그러나 그 조항은 에티오피
아 황제 메넬리크 2세가 식민 지배자 크리스피의 오만함에 격분해 조약
을 파기하게 만드는 데 그쳤다. 비밀리에 영국의 후원을 받은 이탈리아는
1895년 전쟁에 돌입하면서, 해안 도시 마사와에 있던 어느 병원 밖에서
촬영한 이 사진에서 보듯이 기술적으로 앞선 서양 국가와 훨씬 초보적인
무기로 무장한 비유럽 교전국의 충돌에서 나타나는 일반적인 결과를 기
대했다.

그러나 이탈리아군은 잘 무장하고 사기충천한 적에게 철저히 패배했
다. 전통적으로 호전적인 에티오피아 여러 부족이 메넬리크 편에 서서 싸
웠다. 그리고 1896년 3월 1일 결정적인 아두와전투에서 수적으로 압도당
한 이탈리아군은 메넬리크에게 충성하는 10만 병사에게 섬멸되었다. 이
탈리아는 철수할 수밖에 없었고 너무 치욕적이었던 나머지 이후 수십 년
간 식민 지배의 야심을 포기했다. 크리스피는 사임했다. 한편 메넬리크는
승리에 도취되었다. 그는 아프리카에서 유럽 열강의 침략을 막아내고 제
국의 독립을 지킨 유일한 국가 수장임을 주장할 수 있었다.

키치너 경

조금 부어오른 자줏빛 얼굴과 번뜩이지만 젤리 같은 눈.
소설가이자 극작가 J. B. 프리스틀리가 키치너 경을 추모하며

아프리카에서 식민주의가 절정으로 치닫고 있을 때 영국의 전략 목적 가운데 하나는 프랑스의 발을 묶어 수단에 접근하지 못하게 하는 것이었다. 남쪽으로 에티오피아, 북쪽으로 이집트 사이에 자리한 수단은 1885년 이후 마흐디로 알려진 메시아적인 이슬람 지도자의 추종자들이 통치하고 있었다. 에티오피아에서 일어난 대격변은 수단에 개입할 구실을 제공했고 영국은 1898년에 보호국인 이집트에 군사 지원을 명령하고 수단을 침공했다. 정복 임무를 책임진 인물은 큰 키에 고약한 성격을 지닌 아일랜드 태생 육군 장교 허버트 키치너였다.

키치너는 많은 사람들의 미움을 받았지만 전장에서는 탁월한 능력을 발휘하며 수단에서 연승을 거두었고 1898년 9월 2일 옴두르만전투에서 최고 승리를 거뒀다. 훗날 윈스턴 처칠이라는 젊은 영국 장교의 참전으로 유명해진 이 전투에서 영국군과 이집트군은 압둘라 이븐 무함마드가 지휘하는 수단 군대를 격파했다. 영국군은 상대를 데르비시라고 불렀지만, 그들은 스스로를 안사르라고 부르며 마흐디를 기리는 데 열중했다.

옴두르만전투 이후 키치너는 1899년 11월 말 움디와이카라트전투에서 또다시 결정적 승리를 거두었다. 그 결과 수단은 이집트와 영국의 공동 보호령이 되었고 키치너는 백작이 되었다. 1899년부터 1902년 사이 보어전쟁 중에 키치너는 로버츠 경 휘하의 영국군 부사령관으로 활약했고 1900년 11월에는 총사령관이 되었다. 키치너는 제1차 세계대전 동안 전쟁부 장관을 역임했는데 당시 모병 포스터에 수염을 기른 그의 이미지가 사용되었다.

키치너는 1916년 6월 영국 전함 햄프셔호에서 전사했다. 햄프셔호는 오크니 서쪽에서 독일 기뢰에 격침되었고 737명이 사망했다. 영국 국왕 조지 5세는 키치너의 죽음을 '커다란 국가적 손실'이라고 말했다.

즉위 60주년 기념식

키치너의 군대가 수단의 모래사막을 가로지르며 임무를 수행하고 있을 때, 대영제국에서는 성대한 왕실 야외 행사가 펼쳐지고 있었다. 1897년 6월 22일에 빅토리아 여왕은 즉위 60주년을 맞았다. 이는 영국사에서 유례를 찾을 수 없는 일이었다.

즉위 60주년 기념식은 여기 수록된 사진에 등장하는 것처럼 런던에서 대규모 퍼레이드로 기념되었다. 영국의 여러 식민지, 보호령, 영국령들에서 온 총독과 군사대표들이 행진에 등장해 영원할 것 같은 그들의 군주에게 다채로운 존경을 표했다. 히루 종일 기나긴 피레이드가 진행되는 동안 관절염을 앓고 있던 78세의 여왕은 자신보다 먼저 세상을 떠난 가족 구성원들을 애도하기 위해 입기 시작했다가 이제는 일상복이 된 검은 드레스 차림으로 거의 대부분 시간을 마차에 앉아 있었다.

빅토리아 여왕은 행사를 기념하며 짧은 전보 메시지를 냈고 이 메시지는 제국의 가장 먼 곳까지 전달되었다. "내 사랑하는 신민에게 진심으로 감사를 전하노라. 그들에게 신의 은총이 깃들기를." 여왕이 전한 메시지의 내용은 그리 대단치 않을지 모르지만 인도, 캐나다, 오스트레일리아처럼 멀리 떨어진 곳들과 즉시 소통할 수 있다는 사실은 그가 처음 통치를 시작했던 1830년대와 이제 황혼기를 맞은 1890년대 사이에 발생한 많은 기술적 진보들을 일깨웠다.

브리튼섬과 대영제국과 그 너머의 세계는 60년에 걸친 여러 발명과 격변으로 뚜렷한 변화를 겪었다. 여왕 자신은 거의 변하지 않은 몇 안 되는 것들 가운데 하나였다. 20세기가 밝아오며 마침내 빅토리아시대가 막을 내렸을 때 이제 그 너머에 놓인 것이 무엇인지는 누구도 확실히 알 수 없었다.

결코 잊을 수 없는 날.
나처럼 많은 박수갈채를 받은 사람도 없을 것이다.

빅토리아 여왕의 일기, 1897년 6월 22일

새벽의 어둠

"죽음은 대수롭지 않다. 사실 삶도 그렇다.
죽는 것, 잠드는 것, 무로 돌아가는 것, 무엇이 대수로운가
모든 게 신기루다."

마타 하리의 마지막 말

세계 에서 가장 유명하고 아름다운 여성 가운데 몇몇이 발레리
의 카메라 앞에 섰다. 그러나 그 가운데 마타 하리만큼 렌
즈(혹은 세계)에 깊은 인상을 남긴 사람은 없었다. 관능적인 무용수이자
서커스 공연자이자 코르티잔이었던 그의 본명은 마르하레타 헤이르트라
위다 젤러였다. 그러나 그의 무대 이름은 세련된 신비로움과 성적 매력을
발산하며 파리에서 그를 무대 스타로 만들었고 뱅센에 있는 어느 성의 안
마당으로 인도했다. 그는 결국 그곳에서 프랑스 보병 12명의 총격을 받았
다. 그들의 지휘관은 권총으로 젤러의 머리를 날려버렸다.

1876년 8월 7일에 네덜란드 레이우아르던에서 태어난 젤러가 1906년
파리 롱드르가의 발레리 스튜디오에 나타난 것은 29살이나 30살 무렵이
었다. 마타 하리와 마찬가지로 발레리도 오스트로로그 백작 스타니스와
프 줄리앙 이그나치의 예명이었다. 백작은 리투아니아 출신 아버지에게
서 작위와 이름과 초상 사진 재능을 물려받았고 프랑스 창부부터 페르시
아 왕까지 많은 사람들을 촬영했다.

백작이 촬영한 인물들에게는 모두 사연이 있었지만 마타 하리만큼 극
적인 이야기를 지닌 인물은 없었다. 젤러는 이른 나이에 어머니를 잃었고,
교사로 일하다가 그만두었으며, 뤼돌프 마클레오트라는 네덜란드 군인과
결혼한 상태였다. 남편 뤼돌프는 매독에 걸리고 학대를 일삼는 주정뱅이
였다. 젤러는 두 아이를 두었지만 아이 하나를 잃고 나서 남편 곁을 떠났
다. 이제 삶에서 흥미진진한 새로운 국면에 접어든 그는 '세련된' 파리지
앵들에게 맞춰 최첨단 동양풍으로 자극적인 춤을 추었다.

젤러는 어린 시절부터 자신이 무용에 흠뻑 빠진 힌두 공주라고 주장
했다. 사실 그는 고급 스트리퍼였지만 연기는 훌륭했다. ('태양' 혹은 단어
그대로 풀이하면 '낮의 눈'을 의미하는) '마타 하리'라는 인도네시아풍 이름
에 보석이 박힌 머리장식을 하고 몸매가 훤히 비치는 무용복을 걸치거나
혹은 그것조차 입지 않은 채 부유한 많은 남성들을 매료시켰다. 그의 활
동 초기에 그렇게 이끌린 사람 중에는 에밀 에티엔 기메가 있었다. 처음
에 젤러는 기메의 박물관에서 공연했고 나중에는 유럽 전역의 정치인과
장교들의 관심을 끌었다. 그의 연기에 찬사를 보내는 사람들이 있었는가

하면, 힘 있는 사람들을 유혹하고 염탐하는 일에 고용할 만한 팜파탈로 잠재력을 눈여겨본 사람들도 있었다.

발레리가 촬영한 이 사진은 마타 하리의 가장 매혹적이고 유혹적인 모습을 보여준다. 이후 그에게 남은 생은 11년이었다. 1900년대가 끝나가며 '벨에포크'의 흥분과 활기도 함께 저물기 시작했을 때, 마타 하리의 인기 역시 저물어갔다. 같은 세대의 수많은 사람들이 그랬듯이, 그는 조만간 제1차 세계대전의 총구 앞에 스러지게 될 것이었다. 여러 나라 군 장교들과 위태로운 연애를 이어간 끝에 마타 하리는 1917년 파리에서 체포되었고, 프랑스인을 성적으로 유혹해 독일 간첩으로 활동했다는 반역 혐의로 기소되었다. 증거가 희박했음에도 유죄가 인정되어 10월 15일에 처형되었다.

이국적이고 위험하며 재앙으로 치닫는 마타 하리의 낯선 이야기는 1900년대의 분위기에 관한 많은 것을 담고 있다. 옛 세계는 누구도 잘 알지 못하는 것들에게 길을 내어주고 있었다. 옛 제국은 본국과 식민지의 반란으로 시련을 겪고 있었다. 영국에서는 빅토리아 여왕이 서거하고 아들이 왕위를 계승했다. 영국 왕실의 친척 중에는 점점 더 변덕스럽고 호전적으로 변해가던 독일 카이저도 있었다. 러시아는 여전히 차르가 통치하고 있었지만 일본과의 전쟁과 거리의 혁명으로 차르의 통치력이 시험대에 올랐다. 미국에서는 무법자들이 판을 쳤고 지진과 세 번째 대통령 암살로 흔들리는 나라에 전에 없던 이민자들의 물결이 쏟아져 들어오고 있었다.

어느 때보다 치명적인 수단을 동원해 민간인들을 가두고 위협하면서 태평양의 섬부터 아프리카의 뿔까지 폭력이 난무하고 군대가 충돌했다. 과학과 기술 분야에서는 상상을 초월하는 위업들이 달성되었다. 인간의 비행, 전 대륙을 가로지른 철도와 운하, 뉴턴 물리학의 근본적인 재정리까지. 그러나 진보적 기술들은 전쟁을 일으키거나 끔찍할 정도로 효율적인 전투 방식을 제공하며 새로운 위협을 안겼다. 인류는 미래를 향해 달리고 있었지만 다가오는 것들은 가까이에서 볼수록 매력이 사라졌다.

1901

1월 빅토리아 여왕이 서거하고 아들 앨버트 에드워드가 에드워드 7세로 즉위해 왕위를 계승했다.

1월 여섯 개 영국 식민지 연합이 오스트레일리아 연방을 수립했다.

9월 미국 대통령 윌리엄 매킨리가 뉴욕 버펄로에서 열린 전미박람회 시찰 중 피격으로 치명상을 입었다.

1903

11월 지협을 가로지르는 운하 건설을 기대하는 미국 정부의 지원을 받은 파나마가 콜롬비아에서 독립을 선언했다.

12월 라이트 형제가 노스캐롤라이나 키티 호크에서 복엽기 라이트 플라이어의 시험 비행에 성공했다.

12월 마리 퀴리가 남편 피에르 퀴리, 앙리 베크렐과 공동으로 노벨 물리학상을 수상했다.

1900

7월 무정부주의자 가에타노 브레시가 이탈리아 움베르토 1세를 암살했다.

11월 허레이쇼 허버트 키치너가 남아프리카 영국군 사령관이 되어 제2차 보어전쟁에서 초토화 작전을 시행했다.

1902

5월 베레니킹 조약으로 제2차 보어전쟁이 종결되었다.

5월 쿠바가 미국의 지배에서 벗어나 독립했다.

1904

2월 러시아와 일본 사이에 전쟁이 발발했다.

7월 시베리아횡단철도로 모스크바와 러시아 동부 블라디보스토크가 연결되었다.

8월 바터베르크전투로 독일령 서아프리카에서 헤레로족과 나마족에 대한 인종 학살이 촉발되었다.

1905

1월 상트페테르부르크에서 피의 일요일 학살 사건으로 시위자 수백 명이 사망하거나 부상했고, 1년에 걸친 개헌과 제한적인 혁명이 시작되었다.

3월 알베르트 아인슈타인이 '기적의 해annus mirabilis'를 이루었던 논문 4편 가운데 특수 상대성이론을 다룬 첫 논문을 발표했다.

3월 마타 하리가 파리 기메 박물관에서 이국적인 무용 공연을 초연했다.

1907

7월 한일신협약 체결로 일본이 사실상 대한제국의 국권을 장악했다.

8월 3국 협상으로 알려진 영국, 프랑스, 러시아가 참여한 국제동맹이 창설되었다.

1909

1월 파나마가 콜롬비아에게서 공식적으로 독립했다.

10월 4차례 수상을 역임한 일본 정치인 이토 히로부미가 만주에서 피살되었다.

12월 벨기에 레오폴드 2세가 서거했다.

1906

3월 여성 참정권 운동가이자 적십자사 창설자인 수전 B. 앤서니가 사망했다.

4월 샌프란시스코 지진으로 캘리포니아 북부 베이 지역 대부분이 파괴되었다.

12월 오스트레일리아 멜버른에서 최초 극영화 〈켈리 갱 이야기〉가 개봉되었다.

1908

1월 로버트 베이든파월의 『소년들을 위한 스카우팅』 출간으로 국제적인 보이스카우트 활동이 확립되었다.

7월 청년튀르크당의 무력 혁명으로 오스만제국에서 1876년 헌법과 선거 정치가 회복되었다.

9월 미시건주 디트로이트에서 첫 번째 포드 모델 T가 생산되었다.

장례 열차

1901년 1월 22일 어둠이 내리고 한두 시간 지났을 때 빅토리아 여왕은 숨을 거둔 채 와이트섬 오즈번 저택의 침상에 누워 있었다. 그는 반려견과 가족들에 둘러싸여 들릴 듯 말 듯한 목소리로 아들이자 왕위 계승자인 앨버트 에드워드의 이름 '버티'를 부르고 숨을 거뒀다. 왕자는 정식으로 에드워드 7세로 즉위했고 '에드워드시대'(이미 벨에포크의 끝자락이었지만 영국인들은 이런 이름을 붙였다)의 문을 열었다.

죽은 이상, 빅토리아 여왕의 장례를 치러야 했다. 영국에서 군주의 장례가 치러지는 것은 64년 만이었지만 빅토리아 여왕은 흰색과 황금색의 특별한 색채 구도로 꾸민 군사 의식에 관해 명확한 지침을 남겼다. 그는 와이트섬에서 145킬로미터 떨어진 윈저가의 프로그모어 영지로 옮겨져 어머니와 남편 앨버트 공 곁에 안장될 예정이었다.

그곳까지 가는 여정은 빅토리아시대다운 행사였다. 웅장한 예스러움과 늠름한 새로움이 뒤섞였다. 마차, 왕실 요트, 기관차가 오크나무와 납으로 만든 관을 운반했고, 화려하게 장식한 강인한 영국군 군사대표들이 줄곧 호송했으며, 길을 따라 늘어선 군중들이 갈채를 보냈다. 그들은 대부분 빅토리아 여왕 말고는 다른 왕이나 여왕을 알지 못하는 사람들이었다. 이 사진은 여왕의 관을 기다리는 장례 열차의 내부를 보여준다.

해외의 많은 귀족들이 2월 2일 윈저성 세인트 조지 성당에서 거행된 장례식에 참석했다. 참석자 중에는 독일의 카이저 빌헬름 2세와 오스트리아·헝가리제국의 황태자 프란츠 페르디난트 대공도 있었다. 10년 안에 그들이 그곳에 다시 모이게 되리라는 것을 아는 사람은 없었다.

가장 값진 것은 어린아이들의 마음에 남은
토요일 행사에 대한 기억일 것이다……
이른 아침에 검은 런던을 보며 마음에 새긴 기억…….

《타임스》 사설, 1901년 2월 4일

윌리엄 매킨리

1901년 국가원수의 장례를 치른 나라는 영국만이 아니었다. 9월 6일에 미국 25대 대통령 윌리엄 매킨리는 뉴욕주 버펄로에서 개최된 전미박람회에 참석했다. 워싱턴의 유명 사진가 프랜시스 벤저민 존스턴이 이 사진을 촬영하고 난 뒤 단 몇 시간 만에 매킨리 대통령은 근접 거리에서 복부에 두 번 총격을 받았다. 암살범은 폴란드계 미국인 무정부주의자 리언 촐고츠였다. 한 해 전에 이탈리아 국왕 움베르토 1세가 피격 살해된 사실을 전해들은 후 그는 대통령을 암살하려는 생각에 사로잡혀 있었다.

지지자들과 나란히 서서 기다리던 촐고츠는 권총을 손수건에 감싼 채 가까이에서 매킨리에게 총격을 가했다. 매킨리 대통령은 곧바로 병원으로 후송되었지만 8일 뒤 패혈증으로 사망했다. 부통령 시어도어 루스벨트가 대통령직을 승계했고 촐고츠는 전기의자에서 처형되었다. 10월 29일에 뉴욕주 오번의 교정 시설에서 집행된 촐고츠의 사형 장면은 토머스 에디슨의 영화 스튜디오가 재연해 무성영화로 제작했고 일주일 만에 극장에서 개봉되었다.

공화당 대통령 매킨리의 재임 시절은 상당한 변화의 시기였다. 미국·스페인전쟁과 하와이 합병이 성공적으로 해결되었고 경제성장이 수반되었다. 그는 남북전쟁에 참전한 마지막 대통령이었고 36년 동안 에이브러햄 링컨과 앤드루 가필드에 이어 세 번째로 총격으로 사망한 대통령이었다. 그의 재임 시절은 미국 정치에서 '진보의 시대'라는 새로운 국면의 시작으로 일컬어진다.

우리의 관심은 갈등이 아니라 화해라는 사실을 언제나 기억합시다.
또한 우리의 진정한 탁월함은 전쟁의 승리가 아니라
평화의 승리에 있다는 사실을 기억합시다.

전미박람회에서 윌리엄 매킨리, 1901년 9월 5일

라이트 형제

키티호크 부근 킬데블힐스는 인간이 최초로 비행한 장소였다. 좀 더 정확히 말하면, 노스캐롤라이나의 바람 부는 언덕이 미국인 형제 오빌 라이트와 윌버 라이트가 700번 넘게 글라이더 비행을 한 곳이다. 1903년 12월 17일에 그들은 동력 장치를 갖추고 공기보다 무거운 기계를 시험 운행하는 데 처음으로 성공했다.

그들은 그 기계에 '라이트 플라이어(Wright Flyer)'라는 이름을 붙였다. 가문비나무로 만든 복엽기로 비행사는 앞을 바라보고 엎드린다. 골조가 드러난 그 비행기는 조종이 어려웠고 네 차례 짧은 비행 뒤에 강한 바람에 휘말려 수리할 수 없게 망가졌다. 그래도 그 기계는 '날았다'.

형제는 기념비적인 첫 비행을 마친 뒤 기계 개선에 착수했고 1908년 1시간 넘게 날 수 있는 비행기를 만들었다. 형제는 유럽과 아메리카에서 시험 비행으로 유명세를 얻었다. 오하이오 허프먼 프레리에 비행 조종사 학교를 열었고 미군을 포함한 고객들에게 공장에서 생산한 플라이어를 판매하기도 했다.

그러나 1900년대가 끝나갈 무렵 형제는 다른 사람들에게 따라잡혔고, 그들의 디자인을 보호하기 위해 특허를 출원한 뒤 법적 분쟁에 매달렸다. 1912년 윌버 라이트가 장티푸스로 이른 나이에 세상을 떠났다. 오빌은 가족 회사를 팔고 1948년 세상을 떠날 때까지 계속 항공학에 몸담았다. 그가 세상을 떠났을 때 항공기들은 이미 대양을 횡단했고 음속장벽을 깼으며 원자폭탄을 투하해 한 번에 수만 명의 목숨을 앗아가는 일도 벌어졌다.

몇 해 동안 나는 인간이 날 수 있다는 믿음 때문에 괴로웠습니다……
목숨까지 바치지는 않겠지만 이제 곧 어마어마한 액수의 돈을 쓸 것 같습니다.

윌버 라이트가 기업가 옥타브 사누트에게 보낸 편지, 1900년 5월

마리 퀴리

마리 살로메아 스크워도프스카는 이른바 '비행대학(Uniwersytet Latajacy, 1885년부터 1905년까지 바르샤바에서 운영되었던 비정규 교육과정으로 폴란드인의 정체성을 지키려는 운동의 큰 축이었다)'에서 교육을 받았지만 비행사는 아니었다. 그는 당대에 가장 뛰어난 물리학자였다. 방사능 연구로 두 차례나 노벨상을 수상했으며 결혼 후 얻은 '마리 퀴리'라는 이름으로 더 잘 알려졌다.

1867년에 태어난 마리 퀴리는 24세에 폴란드를 떠난 뒤에도 평생 폴란드인의 정체성을 고수했지만, 1906년 남편 피에르 퀴리가 교통사고로 사망할 때까지 파리에서 남편과 함께 연구 대부분을 수행했다. 두 사람은 연구실을 함께 사용하며 특정한 성질을 지닌 새로운 원자 두 개를 발견했다. 바로 폴로늄과 라듐이었다. 이 연구로 두 사람은 마리의 박사 학위 지도교수였던 앙리 베크렐과 함께 1903년 노벨물리학상을 수상했다.

피에르가 사망한 후 마리는 파리대학에서 남편의 교수직을 물려받았고 (이 사진에 담긴) 최고 연구소인 라듐 연구소를 열어 원자력과 방사능에 관한 연구를 계속했다. 1910년 그는 라듐 분리에 성공했고 1911년에 두 번째 노벨상(화학상)을 수상했다. 제1차 세계대전 동안 마리는 방사선학을 적용한 이동식 엑스레이 장치로 부상병들을 치료하며 적십자사와 함께 활동했다.

전쟁 전에 퀴리는 여성이자 외국인이면서 유대인으로 의심된다는 이유로 프랑스에서 늘 멸시와 방해를 받았다. 전쟁 후 비록 금전적 보상을 거부했지만 그는 위대한 과학적 공헌으로 칭송받고 명성을 얻었다. 그는 과학계에 위대한 인물이 적지 않던 시대에 과학의 거인이었다.

알베르트 아인슈타인

아름다운 여성과 두 시간 앉아 있을 때는 1분 같겠지만
뜨거운 난로 위에 앉았다면 1분도 두 시간처럼 느껴질 것이다.
그게 바로 상대성이론이다.

알베르트 아인슈타인, 《뉴욕 타임스》, 1929년

마리 퀴리가 첫 번째 노벨상을 수상하고 2년 뒤 스위스 베른에서 일하던 26세의 독일 특허청 심사관은 우주의 구성 요소를 이해하는 과학자들의 방식을 혁명적으로 바꾸어놓느라 분주했다.

알베르트 아인슈타인은 시간, 공간, 에너지, 질량에 관해 300년 동안 유지되어온 뉴턴적 사고를 전복할 무명 후보자였다. 그러나 그 일은 정확히 1905년 그가 《물리학 연감(Annalen der Physik)》에 논문들을 발표했을 때 완수되었다. 부분적으로 '사고실험'을 토대로, 즉 실험 장비 없이 이론적인 계산만을 토대로 쓴 논문이었다.

1905년에 발표한 논문 가운데 하나인 「움직이는 물체의 전기역학에 관하여」에서 아인슈타인은 그의 가장 유명한 이론인 '특수상대성이론'을 주장했다. 이 이론은 시간과 공간의 관계에 대해 오랫동안 유지되어온 상충하는 관념들을 일치시켰으며 빛의 속도에 가깝게 움직이는 물체의 이상한 작용을 해명했다. 특수상대성이론에는 질량과 에너지의 관계를 설명하는 등식이 포함되어 있는데 이는 언제나 가장 쉽게 인용되는 과학적 약호가 되었다: $E=mc^2$.

1916년에 아인슈타인은 두 번째 이론인 '일반상대성이론'을 제시하고 자신의 기존 주장을 확대해 중력을 시공간이라는 표현으로 설명했다. 그는 1922년에 노벨물리학상을 받았고 1930년대 유럽이 전쟁에 빠져들 때 미국으로 이주했다. 아인슈타인은 1955년에 사망할 때까지도 여전히 우주의 개념을 재구성하고 있었다. 이 사진은 중년에 찍은 것으로 젊은 시절부터 즐겨 기르던 검은 콧수염과 빗질하지 않은 헝클어진 머리칼을 여전히 자랑한다.

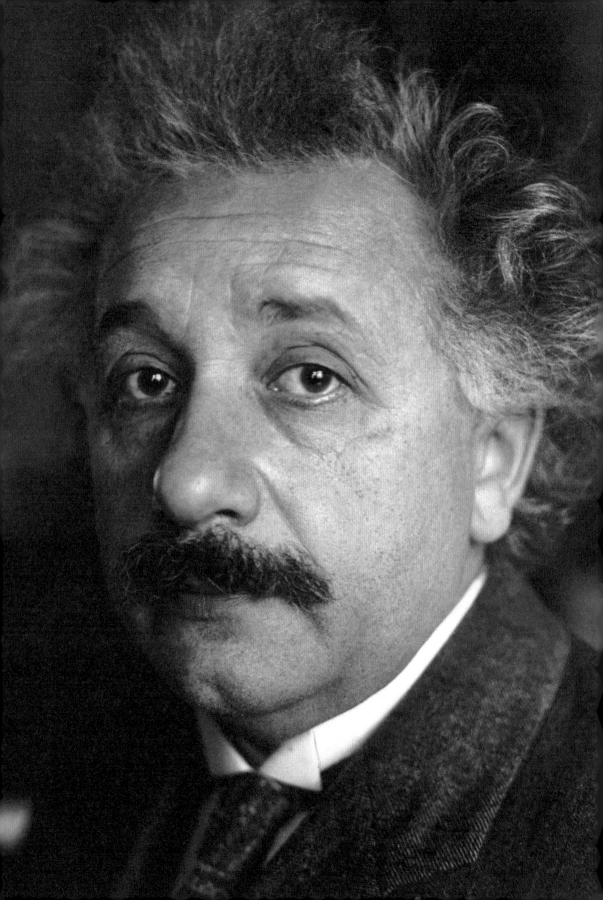

축음기

천재적 과학자들과 야심찬 발명가들이 인간의 지식을 확장하면서, 평범한 사람들이 활용할 수 있는 기술도 진보했다. 1877년에 토머스 에디슨은 축음기를 발명했다. 25년 뒤 그라모폰(본래는 축음기 전체를 총칭하는 용어가 아니라 브랜드 이름이었다)이 생산되었다.

독일 태생 사업가 에밀 베를리너가 만든 이 장치는 납작하게 압착한 디스크를 재생했으며 1909년부터 주인의 목소리에 귀를 기울이는 '니퍼'라는 강아지가 나오는 유명한 상표로 장식되었다. 여기, 이 범상치 않은 사진에서는 사자가 니퍼와 비슷한 일을 하고 있다. 이 사진을 촬영한 독일 사진기자 필립 케스터는 낙타, 기린, 코끼리, 불곰, 라마, 수사슴에게 축음기를 트는 사진을 촬영하기도 했다.

1900년대에 소비자들을 열광시킨 신기하고 새로운 장치는 축음기만이 아니었다. 집집마다 벤츠나 다임러의 가솔린 자동차, 제너럴일렉트릭의 토스터, 질레트의 면도기, 켈로그의 콘플레이크, 코닥의 브라우니 카메라를 구입할 수 있었다.

진공청소기, 거짓말 탐지기, 자동차 앞유리 와이퍼, 에어컨, 베이클라이트, 셀로판이 모두 이 시기에 발명되었다. 그리고 뒤이은 몇 해 사이에 이것들은 서서히 일상생활 속으로 파고들었다. 특히 미국에서 그랬다. 세계 곳곳의 수많은 사람들이 미국으로 이주하고 싶어 했던 이유가 되기도 했다.

나는 축음기가 이로 긁듯 말할 때 그 곁에 다가가고 싶지 않다.
기계들은 결코 인간의 목소리를 재현한 적이 없다……

축음기 회의론자 마크 트웨인, 《런던 크로니클》, 1907년

211

엘리스섬

합당한 자질이 있다는 것을 증명하지 못하는 이민자들은
법률을 제정해서 모두 걸러내야 한다.
미국 대통령 시어도어 루스벨트의 이민에 관한 서한, 1906년

1907년에 미국 역사에 수립된 한 가지 기록은 이후 90년 가까이 깨지지
않았다. 바로 이민자 128만 5349명이 미국에 도착한 기록인데, 이는 제임
스타운 정착지가 만들어진 때부터 1812년 전쟁까지 200년 동안 유입된
인구보다 많다.

1890년 연방정부가 개별 주들의 이민정책을 넘겨받아 뉴욕항 인근 엘
리스섬에 이민 절차를 진행하는 새로운 시설을 마련했다. 이 시설이 화재
로 소실된 후 1900년 12월 17일에 방화 시설을 갖춘 새 시설이 개관했고,
첫날 2251명이 그 문을 통과했다. 유입 인구는 줄지 않았고 많은 사람이
남유럽과 동유럽에서 가난, 전쟁, 기근, 박해를 피해(특히 러시아제국의 유
대인 학살을 피해) 들어왔다.

이 사진에는 엘리스섬에서 정기 건강검진을 받는 어린아이들의 모습
이 담겨 있다. 호흡기 질환, 티푸스 같은 박테리아성 질병, 진균 감염, 정신
질환 등의 질병 검사는 입국 절차에서 핵심 문제였다. 질병이 발견된 사
람들은 현지 병원에서 치료를 받거나 본국으로 송환되었다.

1954년 폐쇄될 때까지 엘리스섬은 미국 최전선에 놓인 관문이었지만
점점 커지는 반이민 정서의 배경이 되었다. 1921년과 1924년에 연방정부
는 이민자 수를 줄이는 법안을 통과시켰고 미국이라는 거대한 용광로의
문이 요란한 소리를 내며 닫혔다.

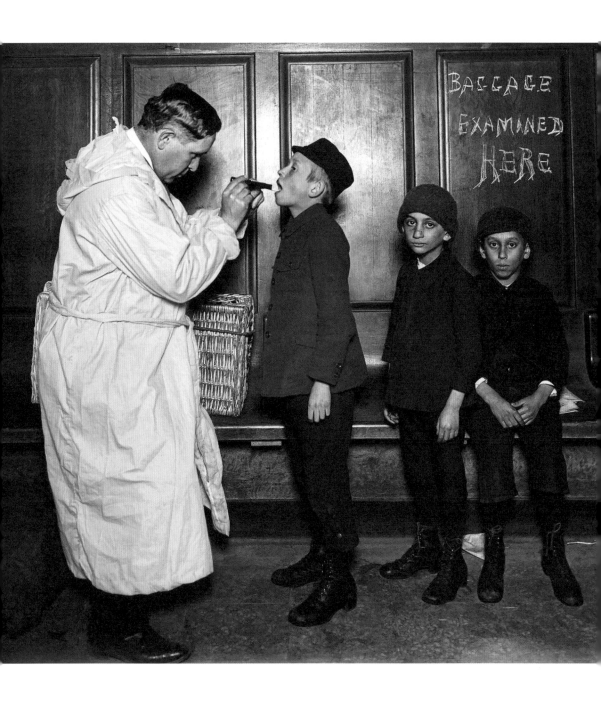

부치 캐시디

무법자 부치 캐시디(오른쪽 끝)는 이민자의 아들이었다. 그의 부모는 19세기 중반 모르몬교 목장 주인으로 영국을 떠나 유타주에 정착했다. 캐시디는 13남매 가운데 장남이었다. 1866년 로버트 르로이 파커라는 이름으로 태어난 캐시디는 정육점에서 잠깐 일한 덕에 '부치'라는 유명한 별명을 얻었다. 캐시디는 1889년 콜로라도에서 은행을 털고 난 후 와이오밍을 근거지로 조직을 결성해 악명을 떨쳤다. 말을 타고 가축 떼를 훔치는 도적 떼였던 그들은 와일드 번치, 홀인더월 등 다양한 이름으로 알려졌다.

1900년에 촬영된 이 사진에 등장하는 인물은 (뒷줄 왼쪽부터) 빌 카버와 키드 커리, (앞줄 왼쪽부터) 해리 롱거버(일명 '선댄스 키드'), 벤 킬패트릭, 캐시디다.

이 사진이 촬영된 시기에 이들과 공범들은 은행과 열차 강도로 몇몇 주에서 수배령이 내려졌다. 보안관이 이끄는 수색대와 그 유명한 핑커턴 탐정사 요원들을 교묘히 피해 다녔고 때로는 그들을 조롱하기도 했다.

사진 촬영 후 얼마 지나지 않아 캐시디와 롱거버는 약탈물을 팔아 파타고니아의 목장을 사들이면서 은퇴를 암시했지만 얼마 안 가 다시 강도 행각을 벌였고 1908년과 1911년 사이에 자취를 감추었다.

나중에 회람된 보고서에 따르면 그들은 볼리비아 기병대에 총살되었지만, 캐시디의 누이는 캐시디가 미국에 돌아와 신분을 감추고 1937년까지 살다가 자연사했다고 주장했다. 그의 실제 운명이 어떠했든 그의 삶은 미국 서부의 기원에 관한 이야기가 되었다.

대위가 방으로 들어서면서 권총을 꺼냈다.
그가 총을 쏘기도 전에 캐시디가 엉덩이 쪽에서 총을 발사했다.
대위가 죽어 넘어갔다…….

《엘크스 매거진》, 캐시디의 마지막 순간의 전모를 밝히는 기사, 1930년

샌프란시스코 지진

죽음과 파괴가 샌프란시스코의 운명이었다……
그 도시는 검은 연기를 내뿜는 잿더미였다.
《샌프란스시코 크로니클·이그재미너·콜》 공동발행호, 1906년 4월 19일

캘리포니아주 밑에 위치한 1200킬로미터 길이의 샌 앤드리어스 단층은 두 지각판이 불안정하게 결합되었다는 특징을 지녔다. 단층 때문에 몇 차례 대규모 지진이 있기는 했지만 1906년 4월 18일 오전 5시 13분 진동을 시작으로 476킬로미터에 이르는 단층을 따라 베이 지역 주변과 주거지를 포함한 샌프란시스코 대부분 지역을 파괴한 지진만큼 엄청난 것은 없었다.

지진은 42초 동안 지속되었다. 최대 진동은 대략 리히터 규모 7.9를 기록했다. 진앙은 대규모 인구 밀집 지역 바로 밑이었던 것으로 확인되었고 이는 그 지진이 치명적이었음을 의미했다. 3000명이 목숨을 잃었고 건물 2만 8000채가 파괴되면서 이재민이 25만 명 발생했다.

피해는 대부분 최초 지진의 진동 때문이 아니라 3일 동안 발생한 화재 때문이었다. 바로 이 사진에서 당시 화재를 볼 수 있는데, 파열된 가스 배관에 불이 옮겨붙어 발생했다. 샌프란시스코 소방서장 데니스 T. 설리번이 4월 18일에 건물 붕괴로 사망했고, 그가 없는 상황에서 방화벽을 만들기 위해 가옥들을 다이너마이트로 폭파하는 미숙한 대처를 하면서 상황이 더욱 심각해졌다. 육군과 해군이 소집되었고 시장은 계엄령을 선포하고 약탈자를 현장에서 사살하라고 명령했다.

단기적인 영향은 치명적이었지만 장기적으로 그 지진은 샌프란시스코에 도시재생 기회를 제공했다. 빈민가가 철거되었고 케이블카는 신속히 수리되었으며 공공시설이 재건축되었다. 베이 지역 주변에는 새로운 주거지들이 건설되어 지진과 화재로 도시를 떠났던 사람들이 정착할 수 있었다. 10년 안에 샌프란시스코는 다시 한번 캘리포니아 북부의 심장부가 되었다.

파나마운하

샌프란시스코 재건이 굉장한 사업이었다고는 해도 1900년대 미국 공학자들이 직면한 최대 난제는 아니었다. 그곳에서 남동쪽으로 6400킬로미터 떨어진 곳에서 근대 세계의 경이라 할 만한 일이 준비되고 있었다. 바로 파나마운하 건설이었다. 남아메리카와 북아메리카를 잇는 지협을 가로지르는 수로를 건설해 카리브해와 태평양을 연결하고 미국 동부에서 서부로 가는 운항 시간을 몇 주 단축하는 일이었다.

파나마운하 건설은 콩키스타도르(정복자라는 뜻으로 16세기에 중남미를 침입한 스페인인을 일컫는다) 시절부터 거듭 고려되었고, 1880년대에는 수에즈운하 건설을 지휘했던 페르디낭 드 레셉스의 지휘 아래 노동자들이 첫 삽을 뜨기도 했다. 그러나 높은 습도와 말라리아가 창궐하는 환경, 해수면보다 25미터나 높은 운하 건설에 드는 막대한 비용은 레셉스를 좌절케 했다.

미국 대통령 시어도어 루스벨트는 교활한 술책으로 사업을 넘겨받았다. 파나마가 콜롬비아 일부였기 때문에 그는 1903년 파나마 반군들을 자극해 자금을 지원하고 무장시켜 파나마를 콜롬비아에서 분리하려는 도박을 벌였고 성공을 거두었다. 그런 다음 그는 새 정부로부터 운하의 토지를 임차했고 수로를 건설하고 무기한 운영할 권리를 얻어냈다.

이 사진은 육중한 수문 3개 가운데 하나가 건설되는 과정을 보여준다. 1907년부터 미국 육군 장교 조지 워싱턴 고설스가 작업을 지휘했고 그는 계획보다 2년이나 앞당겨 완공하는 탁월한 성과를 냈다. 당시 미국이 이룬 최고의 공학적 위업이었던 파나마운하는 1914년 8월 15일에 개통되어 이제 막 모습을 갖추기 시작한 세계 최강대국의 대담한 상징이 되었다.

아메리카 대륙에서 미국인들에게
그만한 영향을 줄 중대한 사업은 남아 있지 않습니다.

시어도어 루스벨트의 의회 연설, 1902년

시베리아횡단철도

미국이 파나마운하를 파는 동안, 태평양 건너편에서도 그에 못지않게 야심 차고 경이로운 근대적 기간시설이 거의 완성 단계에 이르렀다. 러시아제국 동쪽 끝에 있는 블라디보스토크와 모스크바를 잇는 단선 철도가 1904년 7월 21일에 완성되었다.

동쪽 변방의 시베리아횡단철도 건설은 1890년에 차레비치(미래의 니콜라이 2세)가 시작했지만, 그 사업의 유지를 책임졌던 조지아 출신 재무장관 세르게이 비테 백작이야말로 숨은 진짜 영웅이었다(철도가 완성된 다음 해 그는 총리가 되었다). 9000킬로미터에 이르는 철도는 바이칼호에서 단 한 번 끊어져 승객과 화물은 여객선으로 갈아타고 호수를 건넜다. 6주 걸리던 여행이 1914년에 이르면 10일 안에 끝낼 수 있게 되었다.

시베리아횡단철도는 러시아 사회에서 변화의 촉진제가 되었다. 농민 400만 명이 서부에서 시베리아로 이주했고 새로 접근할 수 있게 된 토지에서 일거리를 얻기 위해 비좁은 3등칸 객실에 실려 여행했다.

세기의 전환기에 큰 폭으로 증가한 철도의 수송 능력은 러시아의 산업을 자극했다. 1860년부터 1917년 사이에 철도 부설이 급성장해서 전체 철도망이 1600킬로미터에서 7만 2000킬로미터로 증가했다. 이 사진에 등장하는 니즈니노브고로드의 소르모보 제철소 같은 공장들은 증기기관차를 수천 대 생산하기 시작했다. 이 기관차들은 여가와 교역을 위한 것만이 아니었다. 시베리아횡단철도가 운행을 시작한 바로 그해에 증기기관차는 전쟁에 차출된 인원과 물자를 모스크바에서 동쪽으로 실어 날랐다.

전 지구적 운송 수단을 통해 서부와 동부의 상품이 교환될 것이다.

시베리아횡단철도에 관한 세르게이 비테의 글, 1902년

러일전쟁

러시아인들은 전술이 아니라 전투에서 패했다.
그리고 그들의 미온적 태도 때문에 패했다⋯⋯.
《뉴욕 선》, '러시아인은 왜 최근 전쟁에서 패했는가', 1906년 8월

1905년에 러시아 철도는 전쟁을 촉발하는 데 일조했다. 시베리아횡단철도가 건설될 때 차르 정부는 중국 북동부 만주 지방에도 철도를 만들고 있었다. 일명 아서항(현재의 뤼순커우구)에는 러시아 전초 기지가 있었다. 청 왕조로부터 조차한 부동항이었다. 1897년부터 러시아 함대가 아서항에 정박했고 1899년부터 1901년까지 의화단운동이 끝난 후 러시아군 수만 명이 만주에 주둔했다.

일본은 이런 러시아군의 집결을 우려스럽게 지켜보고 있었다. 독일 카이저 빌헬름 2세는 러시아 니콜라이 2세에게 만주(와 인접한 한반도)를 지배하라고 부추겼다. 빌헬름 2세는 러시아만이 일본의 태평양 지배를 지지할 수 있다는 편지를 쉴 새 없이 니콜라이 2세에게 써보내며 '황색 공포'라는 인종차별적인 말로 현상을 설명했다.

1904년 2월 8일에 전쟁이 터졌다. 일본군이 아서항에 정박한 러시아 함선을 어뢰로 공격하며 시작된 포위전은 11개월 동안 지속되었고, 결국 러시아가 항구를 포기하고 나서야 끝이 났다. 육상 전쟁은 무자비했다. 1905년 2월 20일부터 3월 10일까지 전개된 봉천전투에서 양측의 사상자는 15만 명을 넘었다. 이 사진은 러시아 부상병을 치료하는 적십자사 소속 일본 간호사들을 보여준다. 1905년 적십자사 일본 지부는 회원이 100만 명에 이르는 세계 최대 규모를 자랑했다.

중요한 전투마다 일본이 승리를 거뒀기 때문에 미국 대통령 시어도어 루스벨트의 중재로 1905년 9월 8일 뉴햄프셔 포츠머스에서 체결된 평화조약에 일본인들은 실망했다. 한편 1905년 러시아에서는 전시체제에서 비롯된 끔찍한 결과 때문에 심각한 반란이 일어났고 포위당한 니콜라이 2세는 다당제 정치와 새 헌법을 포함한 대대적인 정치개혁 요구에 굴복했다.

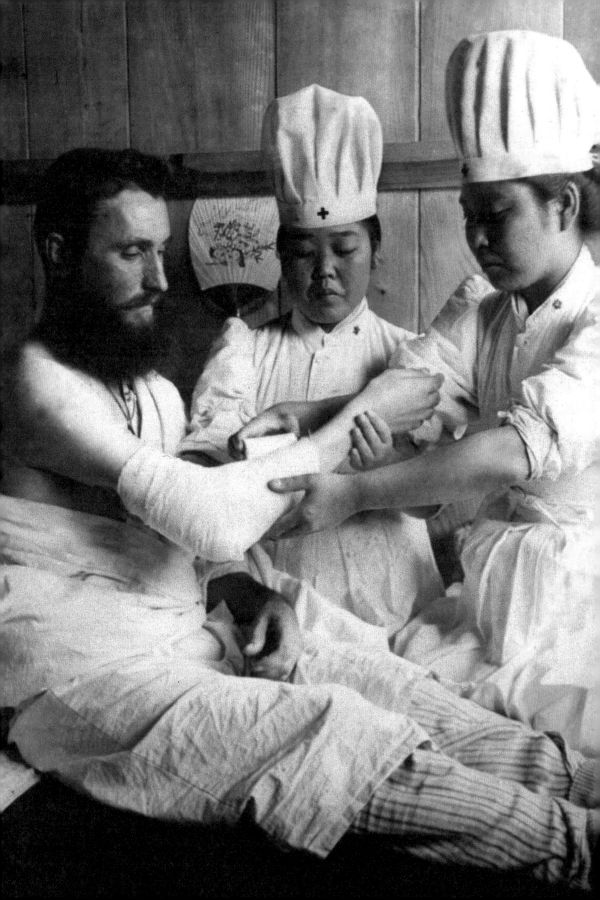

보어전쟁

대영제국에서 인도의 독립은 끝없는 논쟁을 촉발하는 문제였지만, 아직 세기 전환기 아프리카 남부에서 발생한 것과 같은 규모의 공개적인 충돌로 표출되지는 않았다.

보어전쟁은 케이프 식민지에 주둔한 영국군에 맞서, 자치 공화국 트란스발과 아프리칸스어를 사용하는 오렌지 자유국 농부들(보어인)이 충돌한 전쟁이다. 그들의 복잡한 분쟁은 남아프리카를 한 연방으로 지배하려는 영국의 열망, 금광과 다이아몬드 광산에 대한 영국의 권리 주장, 이에 저항하는 보어인들의 저항으로 귀결되었다.

1899년 10월 11일에 전쟁이 터졌다. 1년 동안 치열한 싸움을 벌인 끝에 수적으로 훨씬 더 우세했던 영국군이 몇 차례 중요한 승리를 거둔 후 보어인들의 수도 블룸폰테인과 프리토리아를 장악하고 오랫동안 포위당했던 마페킹을 해방했다(스카우트 설립자 로버트 베이든파월이 조직한 수비대가 마페킹을 방어했다).

그러나 1900년 가을부터 전쟁은 끔찍하게 변했다. 영국군 새 사령관 키치너 경은 보어인 농장을 초토화하고 주민들을 (흑인 노동자들도) 사진 속 강제수용소에 몰아넣는 전략으로 보어인의 게릴라전에 대응했다.

강제수용소는 형편없고 무자비하게 운영되었다. 1902년 5월 31일에 보어인의 항복으로 전쟁이 종결되었을 때 보어인 2만 8000명과 아프리카 흑인 2만 명이 강제수용소에서 굶어 죽거나 질병으로 사망했다. 이 소모적인 죽음은 다가오는 세기를 특징짓게 될 끔찍한 형태의 새로운 전쟁을 예고했다.

비극은 끝났어. 보어인들에게도 영국 신민의 그늘이 드리웠어.
그리고 이제 용기 있는 작은 공화국들은 존재하지 않아.
보어인 장군 얀 스뮈츠가 아내에게 보낸 편지, 1902년 6월 1일

헤레로전쟁

영국이 보어인과 아프리카 흑인들을 강제수용소로 몰아넣는 동안 북쪽에서는 또다른 잔혹 행위가 자행되고 있었다. 독일령 남서아프리카(오늘날의 나미비아)의 반란과 식민 지배자들의 잔인한 보복이 시작되었다.

1880년대 '아프리카 분할'을 틈타 독일이 남서아프리카를 식민지로 만든 뒤에 원주민 헤레로족과 나마족은 독일제국의 지배 세력과 자주 충돌했다. 1903년 헤레로족의 족장 새뮤얼 마헤레로가 나무 곤봉 키리에로 무장한 전사들을 이끌고 반란을 일으켰지만, 다음 해 바터베르크전투에서 소총과 기관총으로 무장한 소규모 독일군에게 패배했다. 이 전투에서 승리한 후에 독일군 사령관 로타어 폰 트로타 중장은 투항한 헤레로족을 오마헤케 사막에 고의로 몰아넣고 마주치는 이들은 모두 총살하고 나머지 많은 사람들은 갈증으로 고통스럽게 죽어가도록 내몰았다.

생존자들은 강제수용소에 수감되었는데 샤크섬 수용소는 가장 악명 높은 곳이었다. 질병이 만연한 노예노동 시설에서 수용자들은 굶주린 채 구타당하며 죽는 순간까지 노동에 동원되었다. 그런 시련은 헤테로족 6만 5000명이 목숨을 잃고 나서야 멈췄다.

서양 의복을 입은 헤레로족 여성들을 찍은 이 미화된 사진은 원래 독일 주간 소식지 《베를리너 일루스트리르테 차이퉁》에 수록되었는데 한 민족의 집단적 운명에 관해서는 아무것도 들려주지 않는다. 독일은 2004년 이 사건이 인종학살이었음을 인정했다.

학대와 감금, 혹은 다른 재난으로 죽어가느니 차라리 싸우다 죽겠다⋯⋯.

새뮤얼 마헤레로가 나마족 족장 위트부이에게 보낸 편지, 1904년

미국·필리핀전쟁

정직한 미국인 애국자가 이 선언의 슬픈 진실을 알게 된다면,
그들이 한시도 지체하지 않고 이 형언할 수 없는 공포를 멈추게
할 것이라고 우리는 확신한다.

필리핀 제1공화국 대통령 에밀리오 아기날도, 1900년

과거 스페인 식민지였던 필리핀에서는 장기간 이어질 또 다른 반란이 시작되고 있었다. 이번 싸움은 미국·스페인전쟁을 종결지은 1898년 파리조약에 따라 필리핀을 장악한 미군과, 필리핀 제1공화국이 필리핀제도의 합법적 독립 정부라고 주장하는 필리핀인 사이에서 벌어졌다.

1899년 2월 4일에 마닐라 인근 산타메사 마을에서 미군 병사 하나가 총격을 가했을 때 이미 두 집단 사이에 긴장이 고조되었다. 그 결과 이틀에 걸친 마닐라전투에서 미국인 수백 명이 희생된 대가로 필리핀인 수천 명이 목숨을 잃었다. 그것은 (쿠바인들, 보어인들, 헤레로족의 갈등이 그랬듯이) 잘 무장한 점령군과 보잘것없는 무기를 가지고 완강히 저항하는 게릴라 병사들 사이에 전쟁이 시작되었음을 의미했다.

양측 모두 잔혹함 때문에 비난을 받았다. 미군은 민간인들을 살해하고 강간하고 무자비하게 학대했으며 집을 약탈하고 (사진에 보듯이) 많은 필리핀인들을 처참한 강제수용소에 억류했다. 반란군은 십자가형, 생매장형, 독개미에 물려 죽게 하기 등의 다양한 방법으로 포로들을 고문했다.

이 끔찍한 폭력은 1902년 7월 1일 미국 대통령 윌리엄 매킨리가 필리핀인에게 제한적인 자치권을 허용한 평화협정으로도 완전히 끝나지 않았다. 노련하고 결연한 반란군들은 '타갈로그 공화국(타갈로그는 필리핀인들의 고유 언어이자 그 언어를 쓰는 사람들을 가리킨다)'을 선포하고 1906년까지 전쟁을 이어갔다. 반란군의 마지막 전초기지들은 1913년이 되어서야 비로소 파괴되었다.

청년튀르크당

청년튀르크당의 목표는 혁명이었다. 이들은 1906년부터 1908년 사이 술탄 압둘 하미드 2세의 절대군주정을 전복하고 입헌정부를 다시 수립하려는 정치운동으로 오스만제국에서 존재감을 드러냈다.

1876년 왕위를 계승한 이래 30년에 이르는 압둘 하미드 2세의 통치 기간은 결코 영광스러운 시간이 아니었다. 튀르키예의 경제와 기간시설들을 근대화하려는 그의 열망은 거듭된 반란과 대외 전쟁, 아르메니아인 학살과 내부의 적들에 대한 잔인하고 관용 없는 조치들로 손상을 입었다.

술탄은 1905년 아르메니아인들의 암살 시도를 간신히 피할 수 있었다. 그러나 1908년 여름, 불만을 품은 청년튀르크당 운동원들(군 장교와 반대파 자유주의자들)이 지방 당국에 맞서 반란을 일으켰을 때 그의 운명이 결정되었다. 제국 전체로 불복종 움직임이 확산되었다. 술탄은 지위를 유지하려면 1878년에 자신이 중지시킨 의회를 다시 조직하는 길뿐이라고 생각했다.

그렇게 오스만제국에서 제2차 입헌 시기가 시작되었고 장교 엔베르 파샤를 포함한 청년튀르크당이 두각을 나타냈다. 여기 수록된 파샤의 사진은 독일 사진가 니콜라 페르샤이트가 촬영한 것이다.

1908년 개혁에도 불구하고 압둘 하미드는 다음 해에 폐위되었고 그의 이복동생 메흐메드 5세로 술탄이 교체되었다. 역설적인 것은 메흐메드의 지휘와 엔베르 파샤의 통제 아래 오스만제국의 붕괴와 불명예가 명확해졌다는 점이다. 엔베르 파샤는 1914년에 전쟁장관으로서 튀르키예가 독일 편에 서서 제1차 세계대전에 참전할 것을 주장해 관철했고, 1915년에는 150만 명이 목숨을 잃은 아르메니아학살에 큰 책임이 있었다. 엔베르 파샤는 1922년 러시아 내전에서 전투 중 사망했다.

아홉 왕

영국에서 1900년대는 시작할 때와 같은 방식으로 끝났다. 1910년 5월 20일에 왕실 열차가 다시 한번 국왕의 시신을 싣고 윈저로 향했다. 이번에는 68세인 에드워드 7세의 시신이었다. 허리둘레가 122센티미터였고 쉴 새 없이 담배와 시가를 물고 지낸 탓에 그는 결국 2주 전인 5월 6일에 거듭된 심장마비로 세상을 떠났다.

70개가 넘는 나라에서 파견된 대표단과 유럽 왕실 대표 수십 명이 그를 애도하기 위해 모였다. 장례식 기간에 촬영된 이 사진은 한 방에 아홉 왕들이 모여 있는 아주 드문 장면을 담고 있다.

뒷줄 왼쪽부터 노르웨이 호콘 7세, 불가리아 차르 페르디난트 1세, 포르투갈 마누엘 2세, 독일 카이저 빌헬름 2세, 그리스 요르요스 1세, 벨기에 알베르 1세, 앞줄 왼쪽부터 스페인 알폰소 13세, 에드워드의 아들이자 계승자 조지 5세, 덴마크 프레데릭 8세이다.

이들 가운데 일부는 가까운 인척이었다. 호콘 7세는 프레데릭 8세의 아들이었고 조지 5세의 매제였다. 독일의 카이저는 조지 5세의 사촌이었다. 이들 가운데 다수가 곧 존립 위기를 맞게 될 것이다. 이 사진이 촬영되고 10년이 지나지 않아서 페르디난트와 빌헬름이 퇴위를 강요당했고 마누엘은 폐위되었으며 요르요스는 암살당했다. 독일과 포르투갈의 군주제는 폐지되었고 다른 군주들의 권력은 크게 축소되었다.

군주제의 시대가 종말을 고하고 있었으며, 다른 많은 것들이 그랬듯 제1차 세계대전의 공포로 인해 곧 사라지게 될 것이었다.

왕들의 특별한 보물은 그의 차지였다.
사람들이 꿈에서 보는 모든 것들을 그는 깨어서 물려받았다.

러디어드 키플링, 「죽은 왕」, 1910년

지은이 댄 존스 Dan Jones

역사가이자 방송인이며 언론인이다. 『템플 기사단』, 『마그나카르타』, 『플랜태저넷가』 등을 쓴 베스트셀러 작가이기도 하다. 넷플릭스에서 방영되는 〈영국의 성 속에 숨겨진 비밀〉을 비롯해 역사 프로그램을 집필하고 진행했다. 이 책에서는 마리나 아마랄이 복원한 생생한 사진에 역사적 서술을 더해 예술적 사진과 어우러진 완벽한 역사책을 완성했다.

X(트위터): @dgjones

지은이 마리나 아마랄 Marina Amaral

브라질 예술가로 역사 사진 채색 전문가다. 흑백사진에 어떻게 색을 입혀야 하는지 결정하기 위해 독학으로 폭넓게 역사를 연구했다. 이 책은 그의 예술적이고 역사적인 작업 결과다.

www.marinaamaral.com

옮긴이 김지혜

서강대학교 대학원 사학과에서 박사과정을 마쳤다. 현재 서강대학교, 한국기술교육대학교에서 영화와 역사를 주제로 강의하고 있다. 『시인을 체포하라』, 『주변부의 여성들』, 『혁명 전야의 최면술사』, 『세상을 바꾼 100가지 문서』, 『각주의 역사』, 『로마는 왜 위대해졌는가』, 『면화의 제국』 등의 역사책들을 우리말로 옮겼다.

선명한 세계사 1: 경이와 혼돈의 시대

펴낸날 초판 1쇄 2025년 4월 8일

지은이 댄 존스, 마리나 아마랄

옮긴이 김지혜

펴낸이 이주애, 홍영완

편집장 최혜리

편집3팀 이소연, 강민우, 안형욱

편집 김하영, 박효주, 한수정, 홍은비, 김혜원, 최서영, 송현근, 이은일, 김혜민

디자인 김주연, 기조숙, 박정원, 윤소정, 박소현

콘텐츠 양혜영, 이태은, 조유진

홍보마케팅 백지혜, 김태윤, 김준영, 박영채

해외기획 정미현, 정수림

경영지원 박소현

도움교정 권영민

펴낸곳 (주)윌북 **출판등록** 제2006-000017호

주소 10881 경기도 파주시 광인사길 217

홈페이지 willbookspub.com **전화** 031-955-3777 **팩스** 031-955-3778

블로그 blog.naver.com/willbooks

트위터 @onwillbooks **인스타그램** @willbooks_pub

ISBN 979-11-5581-802-2 (04900)

　　　979-11-5581-800-8 (세트)